원하는 곳에서 일하고 살아갈 자유,   디지털 노마드

원하는 곳에서
일하고 살아갈
자유,

3

Digital

Nomad

디지털
노마드

남해의봄날 ✱

도약진글

원격근무를 도입하지 않는 회사는
가까운 미래에 다른 회사들에게
추월당할 겁니다

맷 뮬렌웨그(오토매틱 CEO)

똑같이 일하면서도 비용을 절감할 수
있는데, 굳이 사무실은 필요 없죠

데이비드 하이네마이어 핸슨(베이스캠프 CTO)

많은 사람들이 가족과 보다 많은
시간을 보내기 위해 톱탤의 문을
두드리곤 합니다

브랜든 베네슈트(톱탤 COO)

우리는 어디든 갈 수 있고 어느
곳에서든 팀을 키워 나갈 수 있다는
사실을 깨달았을 때 정말 신이 났어요

조엘 가스코인 & 레오 위드리치(버퍼 공동 창업자)

몇십 년 뒤, 은퇴 이후에나 할 수 있는 것들을 생각하는 걸로 시간을 낭비하고 싶지 않아요

셰인 러슬(프리랜서 개발자

& 소프트웨어 컨설턴트)

우리에게 여행은 휴가가 아니라, 매일의 일상이에요

손드라 오로즈코(업워크 시니어 매니저) &

제레미 오로즈코(작가 & 사업가)

어딜 가든 전 세계에 제 친구들이 있어요

에이미 쯔엉(깃허브 품질관리부서 근무)

디지털 노마드로 사는 건 시간에 대한 개념을 바꾸어 놓죠

리 로센(변호사) & 리사 로센(작가)

목차

Part 3 + 새로운 시대를 준비하며

우리는 왜, 무엇을 위해 일하는가?

+ + +

한국에서 내가 다니던 직장은 다른 회사에 비해 업무 환경이 유연한 편이었다. 9시 정각에 출근하지 않아도 되는 회사, 수평적인 기업 문화. 그것만으로도 친구들의 부러움을 사곤 했다. 그러나 정작 내 삶의 질은 그리 좋지만은 않았다. 서울 한구석의 작디 작은 월세방. 집이라기보다는 방이라고 부르는 게 더 맞을 듯한 그곳은 강남 출퇴근을 고려한 위치와 적당한 가격 사이에서 타협하느라 정작 살기에는 그다지 좋은 공간이 아니었다. 아니, 지금껏 살면서 지내본 주거지 가운데 가장 열악했다. 나를 포함한 20~30대, 특히 일자리를 찾아 지방에서 서울로 몰려든 청년 상당수가 이와 비슷한 셋방, 또는 이보다 더 열악한 고시원 등에서 지내고 있었다. 어디 그뿐인가. 콩나물 시루보다 더 빽빽하게 사람들로 들어찬 지하철을 타고 사무실을 오가는 매일매일의 통근길은 월세방보다도 더 우울했다. 열차 안에 가득찬 사람들 사이를 비집고 들어가 간신히 버티고 서서 내리는 순간만을 기다렸다. 중국에서 고생고생하며 유학생활을 할 때도, 기댈 곳 하나 없는 샌프란시스코에서 첫 직장 생활을 할 때도 이렇게 힘겹다고 느끼진 않았던 것 같다.

그러나 당시엔 이런 생활이 한국에서 일하며 살아가는
정상적이고도 유일한 방법으로 보였고, 그래서 힘들다고
생각하면서도 달리 심각하게 고민해 본 적이 없었다. 간혹
출퇴근이 힘들다는 하소연을 하면 '요즘같이 어려운 때 다닐
직장이 있는 것만으로도 행복한 줄 알아야 한다'는 일갈이
쏟아졌다. 내가 느끼는 행복은 나보다 어려운 상황에 처한 다른
누군가를 내려다보면서 얻는 상대적인 것이 아닐진데, 그때는
그저 '그런가 보다' 하고 마음을 다잡곤 했다. 주변 사람들 모두가
이렇게 출퇴근하며 살고 있었고, 그 와중에도 매일같이 수많은
사람들이 일자리를 찾아 꾸역꾸역 서울로 모여들었다. 수도권에
대한민국 인구의 절반이 모여 있으니 다른 도시에 비해 주거비가
비싼 것도 당연해 보였다.

그렇게 미운 정 고운 정 다 들었던 1년의 서울 생활을
뒤로하고, 나는 한국을 떠났다. 워킹홀리데이로 떠난 호주에서
한 협업공간에서 일했는데, 이곳은 근무일의 절반은 재택근무를
할 수 있는 회사였다. 그 다음에 일했던 미국 캘리포니아
소재의 회사에서는 완전한 원격근무가 가능했다. 회사마다
조금씩 다르지만, 업무 방식을 선택할 수 있는 시스템 덕분에
나는 이전과 동일하게 직장 생활을 하면서도 자유롭게 새로운
도시들을 누빌 수 있었다. 예전이라면 1년에 한 번 있는 여름휴가
때나 큰맘 먹고 가볼 수 있던 곳으로 훌쩍 여행을 떠나기도 했다.
새로운 취미 활동으로 서핑을 시작했으며, 새로운 사람들을
만나 친구가 되었다. 그렇게 만난 이들 가운데 내 생각보다
훨씬 더 많은 사람들이 원격근무를 통해 자유롭게 이동하며
일한다는 사실이 흥미로웠다. 어떤 이는 다국적 기업에서 일하는
직원이었고, 또 다른 이는 프리랜서 개발자였다. 디자이너 또는
작가도 있었고, 자신의 비즈니스를 운영하는 사업가이거나 제품
개발을 위해 다 같이 밤을 지새우는 야심찬 스타트업 팀이기도

했다. 길을 떠난 이유는 각양각색이었지만 모두 '장소에
관계없이 일하고 살아간다'는 공통점이 있었다. 이들은 예전의
내가 출퇴근을 당연하게 여겼던 것처럼, 자신이 원하는 때에
원하는 곳에서 일하며 살아가는 삶을 당연하게 여기고 있었다.
가고 싶은 곳이 생기면 언제든 떠나고, 머무르고 싶은 곳에서
시간을 보내는 게 자연스러운 삶. 이때부터, 지금까지 당연하게
생각해 왔던 것들에 하나둘 의문이 생기기 시작했다.

　　월요일부터 금요일까지 매일 아침 정해진 시간에, 정해진
　　장소로 출근하여 일하는 것. 사무실로 출퇴근하기 위해
　　대도시의 값비싼, 그러나 열악하기 그지없는 월세방에서
　　생활하는 것. 여행을 떠나고 싶어 몇 달이고 여름휴가만 손꼽아
　　기다리는 것. 너무 익숙하고 당연하게 여겼던 그것들은 다
　　무엇을 위해서였을까?

새로운 삶의
방식을
찾아,
+ + +
# 원 웨이
# 티켓

우리는 무엇 때문에 매일 같은 시간,
같은 곳으로 출퇴근하며 직장이 있는
도시에 머물러야만 할까? 정보 기술의
발달로 장소에 관계없이 일하고 살 수 있는
지금 말이다. 사무실로 출근하지 않아도
일할 수 있다는 것은 생각보다 더 많은

자유를 가져다 준다. 장소의 제약에서 벗어난 삶이란 곧, 나의
삶을 보다 능동적으로 설계할 수 있음을 뜻한다. 회사가 밀집한
대도시에서 벗어나 저렴한 집세와 생활비로 더 좋은 주거 환경을
누릴 수 있으며, 출퇴근 걱정 없이 원하는 시간, 원하는 공간에서
일하고 여가를 보낼 수 있다.

그렇다고 광고에나 나올 법한 여유 넘치는 파라다이스를
꿈꾼다면 착각은 금물이다. 해변에 앉아 노트북을 펼쳐 놓은
이미지로 곧잘 대변되는 디지털 노마드의 삶은 그야말로
미디어가 만든 환상에 지나지 않는다. 디지털 노마드 또한
남들과 다름없이 일하고 살아가는 사람들이다. 단지 정해진
시간, 정해진 공간으로 출퇴근하는 게 아니라, 내가 일하고
살아갈 장소를 스스로 정할 수 있다는 차이점이 있을 뿐이다.
때론 오히려 더 엄격한 자기 관리가 필요하기도 하다. 내가
원하는 공간에서 일하는 만큼 시간 관리와 책임감이 필수이기
때문이다. 어떤 날에는 아홉 시간이나 시차가 있는 도시의
팀원과 회의하기 위해 새벽까지 깨어 있어야 할 수도 있다.
어디에서, 어떻게, 어떤 방식으로 살아갈지 선택하는 대신
그 결정에 책임을 져야 하는 것이다. 그러나 선택의 자유,
이 단 하나의 차이가 삶에 가져다주는 만족감은 상당하다.

원격근무를 하고 디지털 노마드로 살고 있는 많은 사람들을
만나면서 점점 더 이들의 이야기를 알리고 기록해야겠다는
생각이 들었다. 몇몇 디지털 노마드의 개별적이고 한정된
이야기가 아니라, 하나의 사회 현상이자 일과 삶의 새로운
방식으로서 디지털 노마드의 이야기를 다루고 싶었다. 이러한
삶의 방식이 나와는 거리가 먼 다른 세계의 이야기가 아니라,
동시대를 살아가는 많은 '보통' 사람들의 일상이자 우리
사회에도 곧 퍼져나갈 가까운 미래라는 것을 보여주고 싶었다.

그렇게 생애 첫 다큐멘터리 <원 웨이 티켓One Way Ticket>의
제작에 뛰어들었다.

2015년 1월부터 기획을 시작해 약 1년간 25개 도시에서 68명의
사람들을 인터뷰했다. 홀로, 또는 배우자나 가족, 마음이 맞는
커뮤니티와 함께 디지털 노마드로 살아가는 다양한 직업군의
사람들은 물론, 원격근무를 시행하는 기업의 창업자와 CEO들의
이야기, 그리고 이 새로운 변화를 뒷받침할 정책을 발 빠르게
내놓은 정부 기관의 이야기를 함께 담아내고자 했다. 돌이켜
보면 무모하다고 할 수도 있는 시도였다. 장편 다큐멘터리
한 편을 완성하기까지 엄청난 시간과 노력, 제작비가 필요하다는
사실을 미리 알았더라면 아마 조금 더 망설이지 않았을까.

이 다큐멘터리가 내게 더욱 의미 깊은 까닭은 촬영부터 편집까지
제작의 많은 부분을 원격으로 협업해 완성했기 때문이다.
필름의 약 70퍼센트 가량은 내가 직접 촬영하고 인터뷰했지만,
나머지 촬영과 섭외, 편집과 각종 후반 작업 등은 원격으로
전 세계 각지에 있는 동료들의 도움을 받았다. 영국 런던에
사는 시나리오 작가 조시아, 한국에서 편집과 후반 작업을
총괄한 김우석 편집자를 비롯해 독일, 미국, 브라질, 라트비아,
태국 등지에서 원격으로 함께 일한 대부분의 사람들이 온라인
커뮤니티에서 맺은 인연들이었고, 제작에 참여한 사람 가운데
내가 실제로 만난 이들은 한 손에 꼽는다. 얼굴 한 번 맞댄 적
없어도 이들은 나의 가장 든든한 지원군이었고, 다큐멘터리에
아낌없는 조언과 애정을 베풀어 주었다. 무엇보다 온라인으로도
충분히 소통과 협업이 가능하다는 것, 스카이프와 메신저로
회의하고 클라우드로 자료를 공유하면서도 끈끈한 팀워크가
생길 수 있다는 것을 다시 한 번 확인시켜 주었다.

무턱대고 뛰어든 다큐멘터리 프로젝트의 초반 제작비를
충당하고자 웹사이트를 만들고 크라우드 펀딩에도 도전했다.

필모그래피도 없는 초짜 감독에게 누가 후원을 해줄까
걱정했던 것과는 달리, 펀딩을 시작한 첫 달에 전 세계에서
1만 달러가 넘는 후원금이 모였다. 미국의 <포브스>, 영국과
캐나다, 일본의 <허핑턴 포스트>, 중국의 <사우스 차이나 모닝
포스트>를 비롯한 다양한 나라의 언론에서 이 다큐멘터리
프로젝트를 기사로 소개했고, 세계 곳곳에서 디지털 노마드로
살아가는 이들이 자신의 이야기를 보내왔다.

지금부터 하는 이야기는 지난 2년간 다큐멘터리를 기획하고
제작하며 만난 전 세계 디지털 노마드들과 원격근무를 시행하는
회사들의 생생한 이야기이자, 그들의 일과 삶에 대한 기록이다.
이 새로운 흐름이 우리 사회에 어떤 변화의 바람을 일으킬지
아직 알 수 없지만, 이 책이 앞으로의 시대를 준비하고 대응할 수
있는 작은 계기가 되면 좋겠다. 나아가 이 새로운 삶의 방식이
대도시 인구 집중, 일과 삶의 균형 등 우리 사회가 직면하고 있는
여러 문제점들에 해결의 실마리를 제시하는 하나의 대안으로
작용할 수 있기를 바란다.

Part 1

시공간의 벽을 넘어 새롭게

삶의 방식, 디지털 노마드

디지털 노마드는 단순히
끝없이 여행하며 일하는
사람들을 가리키는 것이
아니라, 어디에서 일하고
살아갈지 '선택할 수 있는
자유'를 의미한다.

디지털
노마드,
그게
뭔가요?

+ + +

정보 기술의 눈부신 발달에도 불구하고 왜
여전히 매일 같은 시간, 같은 장소에 모여서
일해야만 하는지 생각해 본 적이 있다면?
세상은 넓은데 내가 정작 가고 싶고, 살고 싶은
곳은 휴가철에나 아주 잠깐 들러볼 수 있다는 사실에 한숨을
내쉰 적이 있다면? 과연 이것이 우리가 일을 하며 살아가는 가장
바람직한 방식인지 의문을 가져본 적이 있다면?
환영한다. 당신은 디지털 노마드의 길을 선택한 많은 직장인,
프리랜서, 자영업자, 그리고 원격근무를 시행하는 많은 회사의
경영진과 정확히 같은 생각을 하고 있다.

과거에 비해 아주 적은 비용으로도 어디서나 쉽게 이용할 수
있는 빠른 인터넷 망의 보급, 스마트폰을 비롯한 각종 디지털
장비들, 온갖 자료와 서류를 온라인 상에서 쉽게 공유할 수 있는
클라우드 서비스. 이와 같은 정보 기술의 발달로 장소에 제약
받지 않고 세계 어느 곳이든 원하는 곳에서 일하며 살아가는
사람들을 '디지털 노마드Digital Nomad'라고 일컫는다.
디지털 노마드의 시작은 '원격근무remote work'의 흐름과
궤를 같이 한다. 원격근무란 사무실이 아닌, 다른 공간에서
'온라인(원격)'으로 일하는 모든 종류의 업무 형태를 뜻한다.

그리고 그 범주 안에 집에서 일하는 '재택근무WFH: work from home', 장소를 이동하며 일하는 사람들을 일컫는 '디지털 노마드'가 포함된다.

무선 인터넷의 등장과 함께 점점 더 많은 이들이 사무실을, 빌딩으로 가득 찬 도시를 벗어나기 시작했다. 미국 풀타임 직원들을 대상으로 한 2015년 플렉스+스트래티지Flex+Strategy 그룹의 조사 결과에 따르면, 약 33퍼센트의 근로자가 사무실이 아닌 곳에서 대부분의 업무를 처리한다고 응답했다. 컴퓨터와 스마트폰으로 일을 하고, 이메일과 사내 메신저로 소통하는 게 일상이 되면서 사무실의 필요성이 점차 감소한 것이다.

처음에는 단순히 집이나 근처 카페에서 업무를 보던 이들은 자연스레 다른 곳으로 이동하기 시작했다. 꼭 자신이 살고 있는 도시가 아니어도 인터넷이 되는 곳이라면 전 세계 어디든, 일을 하면서도 자신이 원하는 곳에서 여가를 보내고 머무를 수 있는 시대가 온 것이다.

원격근무는 개인뿐만 아니라 기업에도 변화를 가져왔다. 이메일과 화상통화로도 충분히 업무 지시와 회의가 가능한 시대, 더 이상 커다란 사무실과 회의실, 거대한 사옥을 지을 필요가 없어졌다. 또한 원격근무는 기업의 인력 풀을 넓히는 결과도 가져왔다. 기업이 원하는 인재가 같은 도시에 살고 있지 않아도 채용이 가능해진 것이다. 글로벌 인재 채용과 사무실 임대료 같은 고정 비용의 절감은 기업에 큰 이점으로 작용해 원격근무 시행사를 늘리는 데 일조했다.

<포브스>는 2017년 1월 5일자 기사에서 원격근무를 시행하는 23개 우수 기업을 소개했는데, 그중에는 이름만 대면 누구나 아는 대기업들도 있다. 아마존Amazon, 아메리칸 익스프레스American Express는 물론, 의약·미용제품

가벼운 노트북과 스마트폰, 그리고 무선 인터넷과
클라우드 서비스는 사무실에서 벗어나 전 세계
어디에서든 일할 수 있는 환경을 제공한다.

▼

Remote Work

원격근무
원격근무 시행사의 직원, 프리랜서, 기업가 등

Co-working space

협업공간
세계 어디에나 있는 내 사무실

원격근무는 출퇴근 없이 내가 원하는
공간에서 일할 수 있는 업무 형태를 뜻한다.
여행을 하며 일할 수도 있고, 한곳에
머무르며 재택근무를 할 수도 있다.

Digital Nomad

디지털 노마드
새로운 경험, 글로벌 네트워크,
자신에게 보다 적합한 환경을 직접
찾아 나서고 선택할 수 있는 자유

Work From Home

재택근무
출퇴근 시간 절약, 가족과 더 많은 시간을 보내고,
대도시를 벗어나 원하는 도시에서 살며 자신에게
최적화된 업무 환경을 스스로 설계할 수 있는 자유

유통업체 맥케슨McKesson Corporation, 전기기기 제조사
제너럴 일렉트릭General Electric, 웰스 파고Wells Fargo 은행
등 업종도 다양하다.

예고된 신인류, 디지털 노마드의 등장

+ + +

학자들은 이미 오래 전부터
디지털 노마드의 등장을 예고했다.
캐나다의 미디어 이론가 마셜
매클루언Marshall McLuhan이
자신의 저서에서 노마디즘을
이야기한 것이 1970년대이고, 1997년에는 히타치Hitachi
그룹의 전 CEO 쓰기오 마키모토Tsugio Makimoto와 작가
데이비드 매너즈David Manners가 <디지털 노마드Digital
Nomad>라는 제목의 책을 세상에 내놓았다. 이 책은 당시
현존하는 디지털 노마드의 한 예로 유럽 곳곳에 위치한 여러
지사를 이동하며 일하는 어느 기업 회장의 사례를 소개했다.
그리고 앞으로 컴퓨터가 더 '가벼워지고' '작아'지면서 미래에는
더 많은 사람들이 그처럼 세계를 떠돌며 일하고 살 것이라
예측했다.
이듬해인 1998년에는 프랑스 최고의 석학 자크 아탈리Jacques
Attali가 자신의 저서 <21세기 사전Dictionnaire du XXIe

Siècle>에서 21세기의 현대인은 누구나 '유목민nomade'이
될 것이라고 말하며 디지털 노마드의 서막을 알렸다. 그는
또 다른 저서 <호모 노마드L'homme Nomade>에서도 인류
역사 전체를 볼 때, 농경 생활과 함께 시작된 정착 문화는 결코
인류의 표준적인 삶의 방식이 아니며, '유목'이야말로 21세기를
대표하는 가장 핵심적인 특징이 될 것이라 강조했다.

몇십 년 전까지만 해도 대부분의 사람들이 태어난 곳에서
자라고 그곳에서 커뮤니티를 형성하고 결혼해서 직장을 갖고,
인생의 거의 대부분을 같은 곳에서 보내는 게 당연한 일이었다.
그와 다른 선택을 하기 위해서는 상당한 자원이 필요했고 여러
위험이 뒤따랐다. 그러나 기술의 발달은 점점 시공간의 물리적
장벽들을 조금씩 허물어뜨렸다.

1995년 전 세계 인터넷 이용자는 3천만 명에 육박했다.
1998년에는 국경에 관계없이 즉시 송금이 가능한 온라인 결제
시스템 페이팔PayPal이, 1999년에는 프리랜서의 구직과 채용을
위한 온라인 플랫폼 이랜스Elance*가 등장했다. 초고속열차,
저가항공사의 등장은 도시와 도시, 나라와 나라
간의 이동을 더욱 쉽게 만들었고, 2003년에는
인터넷 무료 전화 서비스 스카이프Skype가
등장해 어느 나라에 있든 인터넷만 연결되면
부담없이 전화를 걸고 받을 수 있다. 전화뿐만이
아니다. 이제는 언제 어디서든 공간의 제약을
뛰어넘어 전자상거래는 물론 실시간 소통이 가능한 시대다.

* 이랜스는 2014년 또다른 프리랜스
플랫폼인 오데스크(oDesk)와 합병하여
'이랜스-오데스크'로 사명을 변경했고,
현재는 업워크(Upwork)라는 이름으로 운영
중이다. 현재 업워크에 등록된 프리랜서의
수는 약 1천 2백만 명에 달한다.

태어난 도시를 떠나는 일은 지금 우리에게는 전혀 낯설지 않다.
이미 우리 부모 세대의 많은 이들이 고향을 등지고 일을 찾아
대도시, 혹은 다른 나라로 이주했다. 그러나 그들이 '직장이
있는 곳'으로 이동한 것과 달리, 우리는 일하고 살아갈 곳을 직접
선택할 수 있는 거의 첫 번째 세대인 셈이다. 그리고 디지털

노마드는 이 선택을 원격근무를 통해 보다 적극 실천하고 있는 사람들이다.

2007년, 티모시 페리스Timothy Ferris의 <4시간The 4-Hour Workweek>이 <뉴욕타임스>의 베스트셀러에 오르며 큰 반향을 일으켰다. 저자의 온라인 비즈니스 성공기와 이를 통한 '장소에 구속 받지 않는 삶location independent'에 대해 다룬 이 책은 40개가 넘는 언어로 번역 출간되며 디지털 노마드를 대중에 널리 알리는 기폭제가 되었다.

그렇다면 현재, 과연 얼마나 많은 디지털 노마드들이 세계를 누비고 있을까? 아직 여기에 대한 정확한 통계는 없다. 디지털 노마드라고 해서 항상 쉬지 않고 이동하는 것은 아닌데다가, 디지털 노마드와 재택근무자 사이의 경계 역시 모호하고, 직장에 소속된 원격근무자와 그렇지 않은 원격근무자(클라이언트와 일하는 프리랜서, 자신의 사업을 운영하는 개인사업자, 기업가 등) 모두를 대상으로 시행된 조사가 아직 없기 때문이다. 대신 다른 관련 자료들로 현재의 상황과 향후 추이를 짐작할 수는 있다. 여론조사 전문기관 갤럽Gallup이 2016년 미국 직장인을 대상으로 한 설문에 따르면 응답자의 43퍼센트가 부분적으로나마 원격근무를 하고 있다고 답했다. 2012년 같은 조사에서 응답자의 39퍼센트가 부분 원격근무를 하고 있다고 답한 것과 비교했을 때, 이 수치가 증가하고 있음을 확인할 수 있다. 또 원격으로 근무하는 시간의 비중 역시 증가하고 있는 추세. 일주일에 하루 또는 그보다 적은 시간 원격으로 근무한다는 답변은 2012년 34퍼센트에서 25퍼센트로 줄어든 반면, 일주일에 4일 이상 원격으로 근무한다는 답변은 같은 기간 24퍼센트에서 31퍼센트로 증가했다. 원격근무를 가장 활발히 도입하고 있는 산업군은 컴퓨터, 정보 시스템Information

Systems, 예술, 디자인, 엔터테인먼트, 미디어, 금융, 보험,
부동산, 법률, 사회복지, 과학, 공학, 설계 등으로 나타났다.
그중에서도 컴퓨터, 정보 시스템 업계에 종사하는 응답자의 경우
절반 이상인 61퍼센트가 부분 원격근무를 한다고 답했다.

IT 산업의 원격근무 도입

+ + +

IT 업계는 원격근무를 가장 빨리 받아들인
산업 중 하나다. IBM, 델Dell을 비롯해
다른 회사들보다 한발 앞서 원격근무
정책을 도입하고 실험한 다국적 대기업의
상당수가 IT산업군에 속한다. 대기업뿐만 아니라 전 세계
스타트업의 요람으로 불리는 실리콘밸리 역시 다른 어느 곳보다
일찍 원격근무의 바람이 불었다.

21세기 들어 실리콘밸리에서는 IT회사들의 인재 모시기 경쟁이
그 어느 때보다도 치열해졌다. 특히 창업 붐과 함께 개발자를
찾는 수요가 급증하면서 개발자 구하기가 점점 어려워지자
회사들은 높은 연봉, 신의 직장으로 불릴 만한 복지, 세련된
인테리어의 사무실, 파격적인 스톡옵션 같은 혜택으로 인재를
끌어들이고자 안간힘을 쓰기 시작했다. 경영자들은 투자 유치와
사업 성장을 위해, 개발자와 디자이너들은 더 높은 연봉과 더
나은 경력을 위해, 그리고 수많은 마케터와 기획자들까지 세계
각지에서 실리콘밸리를 찾아오는 인구가 늘어났다. 이러한
집중화는 스타트업 붐을 더욱 부추기며 세계의 수많은 IT 인력이
샌프란시스코 행 티켓을 끊는 결과로 또다시 이어졌다. 개중에

자신의 스타트업을 성공리에 매각하거나 IPO(기업의 주식 시장 공개) 등으로 하루아침에 백만장자가 된 사람들이 속속 등장하면서 이 지역의 주거비는 천정부지로 치솟았다. 그러자 억대 연봉을 받으며 남부럽지 않은 실리콘밸리 소재의 회사에서 일하면서도 주거 문제로 어려움을 겪는 사람들이 생겨나기 시작했다.

부동산 정보회사 점퍼Zumper의 보고서에 따르면 2017년 1월 기준으로 샌프란시스코의 침실 하나짜리 집의 평균 월세는 3천 5백 달러, 우리나라 돈으로 약 4백만 원에 달한다. 시애틀의 두 배에 이르는 가격이다. 샌프란시스코는 주거비가 비싼 미국의 도시 중에서도 단연 1위를 차지한다. 기술 기반 스타트업 같은 신생 회사들은 개발자의 몸값이 너무 뛴 나머지 제때 인재를 영입하지 못해 허덕이고, 운 좋게 벤처 캐피털의 투자를 받아도 투자 금액의 상당수가 인건비와 실리콘밸리의 무지막지한 사무실 임대비로 증발하는 것을 손 놓고 바라만 보고 있는 상황이 반복됐다.

이런 흐름을 비집고 2000년대 중후반부터 등장한 일종의 공유 사무실 개념의 협업공간co-working space은 샌프란시스코의 살인적인 사무실 임대비용을 절약하는 것은 물론 다양한 사람들이 모여 정보를 나누는 소통의 장으로 발전을 거듭했다. 협업공간뿐만이 아니었다. 사실 노트북 놓을 책상 하나만 있으면, 카페든 집이든 상관 없었다. 인터넷만 연결되면 대부분의 업무가 충분히 가능했다. 온라인 협업과 소통을 위한 도구tool와 소프트웨어들도 계속 등장했다. 점점 더 많은 '일'이 오프라인 사무실이 아닌 온라인에서 이루어졌다. 심지어 온라인으로 채용도 가능했다. 이들은 지인 추천, 또는 온라인 채용 플랫폼 등을 이용해 실리콘밸리가 아닌 곳에 살고 있는 사람들, 때로는 지구 반대편에서도 사람을 고용하고 함께 일하기 시작했다.

한편, IT 인력 수요가 급증하자 능력 있는 IT 종사자들은 보다
유리한 조건으로 마음에 드는 회사를 선택할 수 있었는데,
이때 상당수의 사람들이 근무 조건의 하나로 원격근무를
꼽기 시작했다. 클라우드 커뮤니케이션 서비스업체
겟VoIPGetVoIP가 전문 기술직 근로자를 대상으로 실시한
2013년 설문조사에 따르면, 응답자의 53퍼센트가 원격근무를
하는 조건으로 연봉 삭감을 받아들일 수 있다고 답변했다.
이들 중 60퍼센트가 원격근무를 조건으로 10퍼센트까지
연봉을 삭감할 수 있으며, 12퍼센트는 31퍼센트 이상의 연봉
삭감도 감수할 수 있다고 응답하기도 했다. 이러한 흐름은
점차 기업의 채용 전략에도 변화를 불러왔다. 기업들은
원격근무라는 매력적인 혜택을 앞세워 인재 영입에 앞장섰다.
회사의 입장에서는 사무실에 들어가는 비용뿐만 아니라 때로는
인건비까지도 절감할 수 있었다. 원격근무 시행을 장점으로
내세워 채용 시장에서 유리한 위치를 선점하려는 회사들이
늘어났다. 그 가운데 IBM은 거대 글로벌 기업 중에서도
앞장서서 원격근무를 도입한 곳으로, 2009년에는 전사
차원에서 시행한 원격근무 사례 연구 보고서를 발표하기도
했다. 약 37만여 명의 IBM직원들 중 40퍼센트가 사무실이
아닌 집, 또는 고객이 있는 장소에서 원격으로 근무한다. 델과
아메리칸 익스프레스 같은 다른 거대 기업들도 그 뒤를 따랐다.
2016년 기준으로 직원의 약 25퍼센트가 원격으로 근무하고 있는
델은 2020년까지 전체 직원의 절반까지 원격근무를 확대할
계획이라고 발표했다.
설립 단계부터 전 직원 원격근무를 시행하는 회사들도 있다.
콘텐츠 플랫폼 제공 서비스 워드프레스닷컴WordPress.com을
운영하는 오토매틱Automattic, 프로젝트 관리 도구를 개발하고

서비스하는 베이스캠프Basecamp 등이다. 이들 기업은
스카이프 화상통화나 메신저 채팅으로 면접을 보고 세계 각국의
인재들을 채용한다. 초창기에는 사무실도 없이, 한 번 만나보지도
않은 사람을 어떻게 직원으로 채용하고 회사를 경영할 수 있을지
많은 이들이 의문을 가지고 이 기업들을 지켜보았다. 그러나
이런 우려가 무색하게 두 기업은 큰 폭으로 성장하며 원격근무
시행사의 바람직한 선례를 제시했다. 올해로 창립 12주년을
맞는 오토매틱의 기업 가치는 약 11억 달러로, 한화로는 1조
원이 넘는다. 창립 후 지금껏 20년 가까이 전 직원 원격근무를
시행하고 있는 베이스캠프 역시 그 인지도와 명성이 상당하다.
베이스캠프의 창업자 데이비드 하이네마이어 핸슨은 원격근무를
포함해 직원들의 자율성과 만족도, 그리고 업무 효율성을 높이는
다양한 경영 기법을 직접 실험하고 제시하며 그 내용을 책으로
엮어 공유하기도 했다.

밀레니얼 세대, 삶의 질을 추구하다

+ + +

한편으로 이러한 업무 환경 변화의 바탕에는 베이비붐 세대의 은퇴와 함께 새롭게 사회의 주역으로 부상한 밀레니얼Millennials 세대가 있다. 1980년에서 2000년 사이의 출생자들을 일컫는 밀레니얼 세대는 미국 내에서만 약 9천 2백만 명으로, 이는 바로 그 전 세대인 X세대(6천 1백만 명)나 베이비부머(7천 7백만 명)보다도 훨씬 더 많은 숫자다. 이들은 각종 정보 통신 기술에 능통할 뿐 아니라 이전의 그 어떤 세대보다도 삶의 질과 개인의 행복을 중요하게 생각하는 세대다. 특히 금융 위기 이후 밀레니얼 세대가 부모들이 평생을 보낸 전통적인 업무 환경과 '내 집 마련'이라는 인생 목표에 의문을 가지고 또 다른 대안을 찾아나선 것은 어찌 보면 필연적인 선택이다. 이들은 평생을 일해도 빠듯한 내 집 마련에 목매거나 자동차 같은 재화를 소유하기보다는 여행이나 새로운 경험, 배움의 기회에 돈과 시간을 투자하려는 경향이 매우 강하다고 알려져 있다.

이 젊은 세대들을 필두로 원격근무를 원하는 사람들이 점차 늘어나고 스타트업을 운영하는 창업가와 프리랜서들이 합세하면서, 점점 더 많은 이들이 장소의 제약에서 벗어나 보다 적극적으로 이동의 자유를 누리기 시작했다. 집과 카페에서 다른 도시로, 다른 나라로 이동 범위가 더 넓어졌으며 고속열차와 저가항공사의 등장은 이 새로운 유목민들이 마음껏 이동할 수 있는 밑거름이 되었다. 나날이 발전한 인터넷 환경은 이동을 한층 쉽고 저렴하게 만들었다. 책을 펼치지 않아도 웹으로 각국의 정보를 찾을 수 있고, 다양한 웹서비스 덕분에 이제는 여행사 없이도 개인이 간편하게 항공부터 숙박까지 예약할 수 있다.

특히 2008년 등장 후 큰 폭으로 성장한 에어비앤비Airbnb는 밀레니얼 세대의 소비 형태를 반영한 공유 경제의 새로운 비즈니스 모델로 각광받았다. 호스트와 투숙객을 온라인으로 직접 연결해 주는 이 서비스를 통해 누구나 남는 방이나 집을 숙박 공간으로 내놓을 수 있다. 에어비앤비는 길을 떠난 디지털 노마드들에게 기존의 호텔보다 저렴하고 각종 생활용품이 이미 갖추어져 있어 장기 거주에도 적합한 주거 환경을 제공했다. 2017년 기준으로 에어비앤비는 191개국 6만 5천여 도시에서 3백만 개 이상의 숙소를 보유하고 있다.

온라인 업무 환경도 나날이 발전했다. 무선 인터넷, 갈수록 작고 가벼워지는 노트북, 심지어 이동하면서도 업무를 처리할 수 있는 작고 가벼운 스마트폰과 태블릿 PC, 그리고 스카이프, 구글 행아웃, 슬랙, 베이스캠프, 드롭박스와 같은 각종 메신저, 협업도구, 클라우드 서비스 등은 원격근무의 생산성을 한층 끌어 올렸다.

또 개발자들은 자신의 필요에 따라 디지털 노마드로 살아가는 데 도움이 될 만한 각종 서비스를 만들어 공개하기 시작했다. 가장 대표적인 예가 바로 노마드리스트Nomadlist다. 노마드리스트는 디지털 노마드들이 살기 좋은 도시들을 인터넷 속도, 치안, 날씨, 물가 등에 따라 순위별로 나열하고 각종 관련 정보를 제공하는 웹서비스다. 2014년 8월에 문을 연 이 웹사이트의 월간 페이지뷰는 40만, 함께 서비스하는 '리모트OK'* 까지 포함하면 월 1백만 건 이상에 달한다.

* Remote OK: 원격근무 시행사의 채용 공고를 한눈에 볼 수 있는 웹서비스

그들은 왜 길을 떠났을까

저마다 길을 떠난 이유는 각각
다르겠지만, 원격근무가 확산되고
디지털 노마드의 등장이 하나의
사회 현상으로 자리 잡은 데에는 몇 가지 공통된 이유가 있다.
첫 번째는 대도시의 생활비다. 일자리를 찾아 사람들이 고정된
장소, 특히 대도시로 몰려드는 것은 비단 대한민국에서만
일어나는 현상이 아니다. 브렉시트* 이후로
예전만큼은 아니지만, 얼마 전까지만 해도

* Brexit: 영국의 유럽연합(EU) 탈퇴

런던은 일자리를 목적으로 하는 유럽 인구 이동의 가장 첫 번째
목적지였다. 유럽 전역에서 사람이 몰려들면서 주거비를 포함한
생활비가 계속 상승한 것은 말할 것도 없다. 미국도 마찬가지
상황이다. 앞서 말했듯 샌프란시스코 같은 곳에서는 침실 하나
딸린 작은 스튜디오의 월세가 3~4백만 원이 훌쩍 넘는 기현상이
일어나고 있다. 일자리를 걱정하지 않고도 보다 나은 주거
환경을 찾아서, 더 나은 삶의 질을 찾아 원하는 도시로 떠나는 것.
그것이 많은 디지털 노마드들이 길을 떠나는 첫 번째 이유다.

디지털 노마드라고 해서 모두가 비행기를 타고 수천 킬로미터를

날아가지는 않는다. 같은 나라 안에서도 생활비가 비싼 대도시
대신 중소도시로 이동할 수도 있다. 다르게 생각하면 원격근무의
확산이 곧 일자리와 인구 이동으로 발생한 도시 간의 불균형을
해소할 수 있는 하나의 대안이 될 수도 있다는 것이다.

두 번째 이유는 장소 선택의 자유가 주는 다양한 삶의 선택지를
들 수 있다. 출퇴근 하나만 사라져도 우리에게는 상상 이상으로
다양한 가능성이 열린다.

서울에 살며 매일 회사로 출퇴근하는 직장인에게 영국 여행은
1년에 며칠 안 되는 휴가를 모두 할애해야 가능하다. 장시간
비행으로 정작 머무를 수 있는 기간은 얼마 안 되는 데다가
금전 부담도 크다. 그러나 만약 원격근무를 하며 자신이 살 곳을
스스로 정할 수 있다면? 한동안 물가가 저렴한 곳에서 지낸 후
그간 절약한 돈으로 어디로든 갈 수 있다. 짧은 시간 빡빡한
일정을 소화하기 위해 이리 뛰고 저리 뛰어다니는 관광객이
아니라, 그 도시에서 느긋하게 머무르며 현지 문화를 만끽하고
현지 사람들과 부대끼며 업무를 마친 후에 남는 시간을 여유롭게
누릴 수 있는 것이다.

원격근무를 통해 자신이 살기 알맞은 환경을 알아볼 수 있는
기회를 가질 수 있고, 나아가 이를 능동적으로 조성하는 것이
가능하다. 한 발짝 장소를 이동하는 것에 따라 얼마든지 삶의
질이 바뀔 수 있다. 추운 겨울이나 무더운 여름을 나는 것을
힘들어 하는 사람이라면 자신에게 맞는 기후조건을 가진 곳으로
계절에 따라 이동하며 지낼 수 있다. 취미로 서핑을 즐기고
있다면 시즌에 따라 서핑하기 좋은 장소를 찾아 떠날 수도 있다.
디지털 노마드로 살아가는 많은 사람들도 움직이는 속도와
기간을 상황에 맞춰 원하는 대로 조정하고 대부분 여행과
정착을 번갈아가며 생활한다. 재택근무를 하며 육아에 시간을 더

쏟을 수도 있고, 장거리 연애를 하고 있는 연인과 더 많은 시간을
보내고 싶다면 일을 관두지 않고도 연인이 있는 곳으로 이동할
수 있다. 나고 자란 고향에 살면서 일하고 싶은 사람도 더 이상
가족, 오랜 친구들과 멀리 떨어질 필요가 없다. 디지털 노마드의
삶은 단순히 끊임없이 떠도는 것이 아니라, 언제든지 내가
원하는 때에 내가 살아갈 장소를 직접 선택할 수 있는 자유를
뜻한다. 장소의 제약이 없다면 내가 어디를 가고 누군가와 언제
무엇을 할지, 어떤 방식으로 자신의 삶을 꾸려나갈지 보다 많은
결정을 내릴 수 있다. 이런 의미에서 디지털 노마드로 살아가는
것은 '자유로운 삶' 그 이상으로 개인을 위한 매우 합리적이고도
유리한 선택지다.

　　세 번째 이유로는 생산성을 들 수 있다. 원격근무의 효율을
이야기할 때 빠뜨릴 수 없는 것이 바로 출퇴근에 시간과 체력을
소모할 필요가 없다는 것이다. 2014년 BBC는 영국 노동자들이
출퇴근에 소모하는 시간이 1일 평균 54분이라고 보도했다.
그리고 선택의 여지가 없는 출퇴근이 얼마나 사람들의 행복에
부정적인 영향을 끼치는지, 대중교통의 연착이나 교통 체증,
예측할 수 없는 날씨 등이 매일같이 사람들에게 얼마나 많은
스트레스를 안기는지도 함께 이야기했다.
　　<워싱턴포스트>는 사람들이 출퇴근에 쏟는 시간을 좀 더 색다른
방법으로 치환해서 보여 준다. 2014년 기준 미국 노동인구
중 출퇴근을 하는 사람은 1억 3천 9백만 명으로, 이들은 평균
26분을 편도 통근길에 사용한다. 주 5일 근무, 1년에 50주를
가정할 때 출퇴근에 소모되는 시간은 2백 9십 6억 시간, 일수는
12억 일, 2014년 한 해에만 출퇴근으로 사용된 시간이 총 3백
4십만 년에 달한다. 이는 이집트 기자Giza의 대 피라미드를
26개 짓는 데 들어가는 시간과 맞먹는다. 이 많은 시간을

대부분의 사람들이 차 안에 앉아서, 또는 버스를 기다리는 데
사용하고 있으니, 이쯤이면 현대의 정보 통신 기술을 가지고도
왜 출퇴근을 계속해야 하는지 의문이 들지 않을 수 없다.

원격근무의 효율성은 비단 출퇴근 시간에만 한정되지 않는다.
사무실에서 일하는 노동자들의 경우 제한된 시간 동안 모두가
정해진 공간에 앉아 있어야 하고, 정해진 시간 동안 밥을 먹고
나머지 시간에는 꼼짝없이 자리를 지키는 것이 일반적이다.
그러나 하루 8시간 내내 휴식 없이 계속해서 집중해서 일하기란
힘들다. 이러한 업무 방식은 필연적으로 직원들의 집중력을
떨어뜨리고 효율도 저하시킨다. 앉아 있어도 앉아 있는 만큼
일하는 게 아니란 이야기다. 많은 사람들이 사무실에서 SNS와
메신저, 웹서핑으로 그 시간을 때우는 것은 공공연한 비밀이다.
디지털 노마드가 누릴 수 있는 가장 큰 장점 중 하나는 자신에게
맞는 업무 환경을 자율적으로 선택할 수 있다는 것이다. 집중해서
업무를 처리하고 시간을 효율적으로 분배하는 게 가능하다면
업무 효율 또한 높아질 수밖에 없다. 직장 동료가 바로 옆에 있지
않아도 우리에겐 커뮤니케이션 도구와 협업 프로그램, 클라우드
서비스와 같은 기술이 있다. 출근 복장을 고르는 등의 사소하지만
손이 가는 일로 시간을 보낼 필요도 없다.

원격근무와 전통적인 업무 방식 대비 생산성, 직원 행복도와
충성도에 관한 연구 결과들 역시 속속 발표되고 있다.
스탠포드대의 연구 결과에서는 원격근무자들의 생산성이
약 13퍼센트 가량 높은 것으로 나타났으며, 직원 대상 설문
전문기관 타이니펄스TINYpulse에서는 원격으로 근무하는
직원들이 더 행복할 뿐만 아니라 직장에서 느끼는 만족도 역시
높다는 보고서를 내놓았다.

변화하는
패러다임

+ + +

주목해야 할 것은 우리가 반기든 반기지
않든 원격근무와 같은 '일'을 둘러싼 급격한
변화는 이미 일어나고 있으며, 이는 피할 수
없는 현실이라는 점이다. 정보 통신 기술의
발달과 함께 시작된 4차 산업혁명의 시대, 많은 전문가들이
일하는 방식은 물론 고용 형태의 변화를 이야기하고 있다.
20년간 일job과 이동성mobility의 상관관계를 연구해 온 런던
정치경제대학의 칼슨 소렌슨Dr. Carsten Sørensen 교수의
이야기를 들어 보자.

우리는 세계화와 함께 원격으로 협업하는 경험을 이미
해 왔습니다. 한 회사의 뉴욕 지사, 도쿄 지사, 런던 지사 등이
한 공간에 있지 않으면서도 서로를 신뢰하고 함께 일을 하는
경험을 이미 해온 거죠. 정보 기술의 발전으로 지금 세대는
일에서 장소의 개념이 극히 희박해진 시대에 살고 있습니다.
이뿐만이 아닙니다. 우리가 생각하는 일Job, Work, Career의
정의 자체가 변하고 있습니다. 점점 더 많은 사람들이 하나의
고정된 업무 대신 다양한 사람들, 다양한 조직과 동시에 여러
일을 합니다. 하나의 직장에서 한 가지 일을 하며 몇십 년을

보내는 이전까지의 모델은 더 이상 작동하지 않는 것이지요.
칼슨 소렌슨

이전까지, 아니 지금까지도 많은 사람들이 교육을 마치고 사회에
나가 30년 가까이 한 조직, 또는 한 특정 분야에 소속되어 일하는
것이 익숙하고 자연스러웠다. 캐나다 통계청의 한 조사는 이전
세대가 '일'을 대하는 태도가 어디에서 비롯되었는가를 여실히
보여 준다. 베이비붐 세대의 3분의 2 가량은 적어도 12년을 같은
고용주 아래서 일했으며, 절반 이상이 한 회사 또는 한 조직에서
훨씬 더 많은 시간, 종종 20년, 또는 그 이상을 보낸 것으로
나타났다. 그러나 이런 평생 직장의 시대는 이미 끝난 지 오래다.
2016년 비즈니스 소셜네트워크 서비스 링크드인LinkedIn의
조사에 따르면, 밀레니얼 세대는 첫 직장에 입사 후 10년 간
약 네 차례 가량 이직하는데, 이는 바로 윗 세대인 X세대의 평균
두 차례 이직보다 두 배 증가한 수치다. 또 시간이 갈수록 단순
이직뿐만 아니라 완전히 다른 산업으로의 이동 역시 증가한
것으로 나타난다.

미래학자 로히트 탈와Rohit Talwar는 지금 유년 시절을
보내고 있는 다음 세대들은 일생 동안 약 40개의 직업과 10개의
완전히 다른 경력을 쌓을 것으로 내다보고 있다. 또한 그는
'포트폴리오 모델'이 미래의 고용 형태가 될 것이라는 예측을
하고 있다. 즉, 사람들이 여러 계약을 맺고 다양한 형태의
일을 동시에 할 것이라는 이야기다. 한 조직에 소속되는 대신
프로젝트 단위로 일하며 때로는 한 명 이상의 클라이언트와
계약을 맺고 독립적으로 일하는 프리랜스 이코노미가 업무와
고용의 새로운 형태로 급격하게 떠오를 것이다. 긱 이코노미gig
economy라고도 알려진 이 새로운 고용 트렌드는 새로운
부가가치를 창출하고 일자리를 늘릴 것이란 기대와 더불어,

정규직 감소에 대한 우려와 고용의 질을 떨어뜨릴 것이라는
비판도 함께 받고 있다.

프리랜스 이코노미가 우리에게 새로운 기회가 될지, 혹은 기존
노동 시장에 불안정성만 더하면서 피해자를 양산할 것인지에
대한 의견이 분분하지만, 산업 구조가 변하고 시장경제가
재편되는 가운데 형성된 이런 흐름이 더욱 가속화될 것은 분명해
보인다. 미국의 비영리 단체 프리랜서 노동조합Freelancers
Union은 최근 보고서 '미국의 프리랜서: 2016Freelancing in
America: 2016'에서, 2014년 5천 3백만 명이었던 프리랜서의
수가 2016년 5천 5백만 명으로 증가했으며, 이 숫자는 미국
전체 노동인구의 약 35퍼센트를 차지한다고 밝혔다. 또 미국의
회계법인 인튜이트Intuit는 2020년에는 전체 노동인구의
40퍼센트가 정규직이 아닌 독립 계약자, 프리랜서, 자영업자일
것이라고 예측했다.

직업과 고용 형태의 변화는 여기에서 그치지 않는다. 한걸음 더
나아가면 인공지능AI과 로봇, 자동화가 고용의 감소, 일자리의
종말을 불러올 것이라는 우려도 나오고 있다. 알파고의 등장
이후 많은 이들이 '앞으로 어떤 직업이 사라질 것인가'라는
주제에 열을 올렸다. 상당수의 직무가 소프트웨어, 로봇,
인공지능 등으로 대체되고 있으며 이 흐름이 가속화될 것이라는
예측이 주도적이다. 그러나 한편으로는 직무는 대체될 수 있어도
직업은 대체되지 않으며, 오히려 정보 통신 기술의 발전으로
인공지능, 로봇 등과의 협업으로 장시간 노동을 줄이고 생산성을
올릴 수 있다는 논의 역시 함께 이뤄지고 있다. 어느 쪽이 되었건,
'일'에 대한 패러다임은 지금 우리가 아는 것과는 매우 달라질
것이며, 기존 정규직 형태의 고용 모델이 점차 소멸할 것이란
사실은 이미 우리가 맞닥뜨리고 있는 현실임에 틀림없다.

일에 대한 패러다임이 바뀌고 있습니다. 고용안정성 역시
줄어들고 있고요. 지금 세대는 거대한 전환기에 서 있습니다.
그 어느 것도 확실하거나 안정적인 선택이라고
할 수 있는 게 없죠. 대안을 찾아야 할 때입니다. 때문에
기본소득* 같은 이야기도 나오는 거죠.

칼슨 소렌슨

* basic income: 재산, 노동의 유무와
상관없이 국가가 모든 국민에게 무조건
지급하는 소득

변화의 급물살을 탄 산업과 노동의 새로운
패러다임 사이에서 우리가 아는 '일'의 모습은 하루가 다르게
변하고 있다. 점점 더 많은 사람과 기업, 조직이 일을 프로젝트와
짧은 작업task 단위로 처리하고 있는 가운데, 갈수록 조직의
소속력이 약해지고, '일'과 '물리적인 장소' 사이의 상관관계 또한
필연적으로 느슨해질 수밖에 없음은 당연하다.

많은 전문가들이 인터넷이 우리 일상을 완전히 바꾸었듯,
4차 산업혁명이 산업 구조를 크게 변화시킬 거라 말한다.
그리고 이 거대한 흐름을 돌이킬 수 있는 방법은 없어 보인다.
기존에 우리에게 익숙한 전통적인 업무 방식과 생활 방식만
고수하기에는 이 변화의 물결이 너무도 거세다. 이 새로운
변화에 어떻게 적응할 것인지, 어떤 대안과 제도적 장치를
마련할 수 있을지 논의가 필요한 때다.

디지털 노마드의 갈라파고스, 대한민국

+ + +

IT 강국이라 불리는 대한민국은
초고속 인터넷 보급은 물론
스마트폰 산업에서도 단연
손꼽힌다. 수많은 사람들이
각종 모바일 기기를 익숙하게 다루고, 하루가 멀다 하고 새로운
스타트업이 등장한다. 어디 그뿐인가. 대한민국 여권의 영향력은
세계에서도 손꼽힌다. 대한민국 국민이라면 170여 개의 국가에
무비자 또는 도착 비자만으로 일정 기간 체류할 수 있다.
그러나 아이러니하게도, 대한민국은 원격근무와 디지털 노마드
담론에서 철저하게 소외되어 있다고 봐도 좋을 정도다.

　　2007년 티모시 페리스의 책 <4시간>과 함께 모든 미디어가
'장소에 구속 받지 않는 삶'을 이야기할 무렵, 국내에도 잠깐

이 이슈가 등장했으나 어느 순간 더 이상 논의가 진행되지 못하고 멈춰 버렸다. 한국에서 여전히 디지털 노마드는 특정 소속 없이 자유롭지만 불안정해 보이는 프리랜서들만 할 수 있는 일, 또는 국내 현실과는 거리가 먼 미국이나 몇몇 유럽 국가의 이야기로만 치부되는 것이 사실이다. 여기에는 미디어의 영향도 크다. 대부분의 미디어에서 디지털 노마드를 지속 가능한 삶의 선택지나 사회 현상이 아닌, 특이한 개인의 라이프 스타일 정도로만 소비하는 경향이 매우 강하기 때문이다. 디지털 노마드가 어떻게 경제 활동을 하고, 어떻게 경력을 쌓고 있는지, 원격근무 시행사의 경영 전략은 어떠한지, 국내 기업과 공공 조직의 원격근무 도입 상황은 어떠한지, 또는 원격근무가 어떻게 우리 사회가 직면한 문제점들을 해결할 수 있는지와 같은 시각은 아직 많이 부족한 것이 사실이다.

국내에서 실현 가능한 수단이 부족하다는 점도 빼놓을 수 없다. 우리나라에서는 아직 원격근무를 시행하는 회사를 찾기가 어려운데, 북미를 포함한 국외에서 관련 담론이 계속 이어질 수 있었던 이유는 많은 기업이 원격근무를 도입했기 때문이다. 모든 사람이 당장 창업을 하거나 프리랜서로 일하기 어려운 상황에서, 조직의 원격근무 도입 여부는 매우 중요한 요소일 수밖에 없다. 그러나 아직 국내 기업 가운데 원격근무 시행사는 극히 드물고, 있다 해도 소수의 기업이 매우 소극적인 자세로 실험만 해 보는 단계에 그치고 있다. 육아, 경력단절, 저출생의 대안이자 노동 효율성을 회복하는 방안으로 노동부에서도 유연근무와 재택근무를 장려하고 있지만, 몇 년째 자리 잡지 못하고 있는 현실이다.

여기에는 국내 기업 문화와 지형 조건도 무시할 수 없다. 상하 관계가 명확하고 조직 구성원 간의 신뢰가 두텁지 않은 한국의 조직 문화는 면접, 회의와 보고를 비롯한 업무 과정에서 유독

'면 대 면'을 선호하는 경향이 있다. 더욱이 한 주에서 다른 주까지 비행기를 타고 가야 하는 미국 같은 나라와 달리, 우리나라는 서울에서 부산까지 몇 시간이면 자동차로도 충분히 이동할 수 있어 도시 간의 이동에 상대적으로 적은 비용과 시간이 든다. 이런 차이는 쉽게 다음과 같은 상황으로 이어진다.

"스카이프로 이야기 해도 어차피 내용은 같을 텐데 뭐하러 비행기를 타고 옵니까? 시간 낭비 말고 지금 바로 스카이프로 이야기합시다!"

대신,

"부산이라고요? KTX 타고 오셔서 한 자리에 앉아서 얼굴 보면서 업무 이야기 하시죠."

한국 사회의 늑장 대처와 변화로부터의 고립은 비단 원격근무에만 국한된 것이 아니다. 경직되고 보수적인 조직 문화는 변화에 빠르게 대응하지 못하고, 야근이 일상인 노동 환경의 개선도 늘 제자리 걸음이다. 프리랜서를 비롯한 정규직 이외의 다른 고용 형태에 대한 현실적이고 필수적인 법적 보호망의 마련 역시 요원하기만 하다. 모든 미디어가 4차 산업혁명과 변화하는 일에 대한 패러다임을 앞다투어 이야기하는 지금, 과연 우리는 얼마나 이에 대한 대비를 하고 있는가? 스위스 금융그룹UBS이 본 한국의 4차 산업혁명 적응 순위는 25위로, 주변 국가 일본(12위), 대만(16위)에 비해 눈에 띄게 뒤쳐져 있다.

전문가들은 4차 산업혁명의 여파로 전통적인 고용 형태였던 정규직이 감소하고, 주문형on-demand 거래가 확산되며 다양한 고용 형태가 늘어날 것이라고 이야기한다. 그런데 정규직이 감소하고, 임시 계약직이 늘어날 것이라는 이러한 전망은 비정규직에 엄청난 공포를 가지고 있는

한국에서는 청천벽력 같은 소리다. 이는 유독 한국에서
고용주, 고용인 양쪽이 누려야 하는 유연성과 혜택을 고용주
한쪽에서만 누리고 있기 때문에 벌어지는 현상이기도 하다.

    한 예로 국내의 프리랜서는 여전히 많은 사람들에게
불안정하고 위험 부담이 큰 데다, 4대 보험도 적용 받지
못하는 단기 임시 노동직 정도로 받아들여지고 있다.
프리랜서의 수는 날로 증가하는 추세지만, 문제가 생겼을 때
법의 보호망 바깥에 있거나, 프리랜서의 장점으로 꼽는
유연한 업무 환경과 업무 일정을 전혀 보장받지 못하는
경우도 많다. 때문에 많은 경제·노동연구원들이 현 세태를
제대로 반영 못하고 있는 기존의 근로기준법을 보완할
근로계약법의 제정 등으로 프리랜서에 대한 사회적
안전망을 구축해야 한다고 주장한다. 노동에 대한 합당한
대가 없이 기존 정규직 모델에서 기업이 부담해야 했던
레거시 코스트*만 쏙 빼낸 기형적인 구조를 먼저 개선하지
않는 한, 우리나라의 프리랜스 이코노미는 미래가 없다.

마찬가지로 노동 시장의 유연성이 확보되려면,
노동자의 일방적인 희생 대신 계약 관계의
공정성을 보장하고 노동 분쟁 해결을 위한

* legacy cost: 퇴직금과 의료보험,
복리후생 비용 등 기업이 부담하는 유산비용

시스템과 적절한 사회 안전망은 물론 프리랜서 노동조합의
결성 등 노동 환경 전반의 개선이 선행되어야 한다. 제도 변화
없이 당장 노동시장의 유연성만 강조하는 것은 노동자 중간
계층의 몰락과 소득의 양극화를 불러올 공산이 크다.

    우리가 흔히 알고 있는 근로 형태와 정규직의 역사는 대략
2백 년 정도에 지나지 않는다. 처음 노동 계급이 탄생했을 당시,
이전에는 존재하지 않았던 이 '일의 형태'를 두고 사회 각계
각층에서 수많은 논의와 갈등이 있었다는 것을 우리는 이미 알고
있다. 그리고 산업 구조의 변화를 눈앞에 둔 오늘날에도 노동

투쟁의 역사는 계속되고 있다.

한국노동연구원의 허재준 선임연구원은 앞으로의 일자리
변화에서 우리가 맞닥뜨린 문제의 요체가 기술의 진보가 아닌,
사회 권력 구조와 소득 분배에 있다는 점을 명확히 했다.

> 요컨대 기술진보는 일차적으로 현존하는 직업들의 '직무'에
> 현저한 변화를 초래하고 이를 통해 직업과 일자리에 영향을
> 초래한다. 일부 일자리를 대체하고 창출하겠지만 직무의 대체/
> 보완성에 따른 직업 내 직업 간 기회와 보상 격차를 확대하는
> 영향이 지배적일 것이다. 이러한 과정에서 고용/근로형태에
> 변화가 초래되고 새로운 노동규범 설정 필요성을 제기하는 한편
> 소득분배, 교육 등에 관한 도전을 제기할 것이다.
> 기술진보가 아무리 '혁명적'이라고 하더라도 전체적으로
> 일자리 수가 감소하기보다는 다양한 계층 간 소득의 균형을
> 바꿔놓음으로써 불안정성을 확대하는 것이 현재와 같이
> 기술진보가 광범위하고도 급속하게 일어날 때의 주된 도전이
> 될 것이다. 이는 일자리의 질과 삶의 질에 새로운 정치·사회적
> 도전을 제기한다. 기술 혁신의 저조로 인해 경기가 침체되는
> 것이 아니라 사회 제도와 기업조직과 인간의 기량이 기술의 발전
> 속도를 따라가지 못해 중간계층의 소득과 일자리가 정체되고
> 소득과 일자리가 양극화한다.
> '4차 산업혁명이 일자리에 미치는 변화와 대응',
> <노동리뷰>(2017년 3월호)

디지털 노마드는 변화하는 노동 환경과 고용 형태, 그리고
일을 바라보는 사람들의 인식 변화와 같은 다양한 요소들이
영향을 주고받으며 나타난 새로운 일과 삶의 형태다. 우리
사회의 노동 환경, 경제 정책, 그리고 기업이 이 변화의

흐름에 동참할 때, 보다 많은 사람들에게 일하고 살아갈 곳을
선택할 자유가 찾아올 것이다.

Part 2

꿈꿈 나고 힌트릴,
없엉 희시브

경계 없는 사람들

그 기업은 왜 원격 근무를 시작했을까?

리모트 컴퍼니remote company, 원격근무를 시행하는 회사를 일컫는 말이다. 많은 사람들이 디지털 노마드에 관심을 갖고 또 시도할 수 있었던 바탕이 바로 기업의 원격근무 시행이다. 덕분에 상대적으로 불안정하거나 진입 장벽이 높은 프리랜서에 도전하거나, 직접 본인의 사업을 운영하지 않아도 원하는 곳에서 경력을 유지하는 게 가능해졌다. 기업의 원격근무 도입은 디지털 노마드의 진입 문턱을 대폭 낮추고, 보다 많은 사람이 이를 삶의 한 방식으로 선택할 수 있게 만들었다.

그래서 다큐멘터리 인터뷰이를 물색할 때부터 원격근무를 시행하는 회사의 직원과 경영진을 우선으로 섭외했다. 해당 기업이 원격근무를 시행하는 이유는 무엇이며, 사무실 없이 어떻게 직원들의 성과를 측정하고 관리하는지 그 방법을 듣고자 했다. 또한 경영자 입장에서 원격근무의 장단점은 무엇이며, 원격근무가 직원들의 삶과 업무 효율에 어떠한 영향을 미치는지에 대해서도 많은 이야기를 들을 수 있었다. 모든 인터뷰와 촬영은 2015년에 이루어졌다.

인재
채용의
히든
카드를
쥐다,

오토매틱
Automattic

원격근무를 도입하지 않는 회사는 가까운 미래에
다른 회사들에게 추월당할 겁니다.
맷 뮬렌웨그Matt Mullenweg
(오토매틱 창업자 & CEO)

+ + +

스페인에서도 아름답기로 손꼽히는 도시 세비야, 이곳에서 2015년 워드프레스 컨퍼런스인 워드캠프WordCamp가 열리고 있었다. 워드프레스WordPress는 오픈소스* 콘텐츠 관리 소프트웨어로, 누구나 쉽고 간편하게 웹사이트를 만들고 관리할 수 있는 저작도구다. 현재 전 세계 웹사이트의 사분의 일 가량이 이 워드프레스를 이용해 만들었다. 우리나라에서도 삼성과 LG 등 대기업은 물론 최근 서울시도 워드프레스로 웹사이트를 제작, 관리하고 있다.

* 오픈소스 소프트웨어: 누구든지 자유롭게 이용, 수정, 그리고 배포할 수 있는 소프트웨어다. 코드를 수정하는 것뿐만 아니라 다양한 사람들이 직접 프로젝트에 참여해 버그를 신고하고 개선사항을 건의하는 등 이용자와 제작자들 사이의 활발한 소통이 특징이다.

이 워드프레스 프로젝트를 처음으로 시작한 사람이자 많은 디지털 노마드의 꿈의 직장이라고 할 수 있는 기업, 오토매틱의 CEO 맷 뮬렌웨그는 다큐멘터리 기획 단계부터 항상 섭외 목록의 최상단에 올라 있는 인물이었다. 기업가치가 1조 원이 넘는다고 알려져 있는 오토매틱은 창업 때부터 시작해 10년이 지난 지금까지, 4백여 명에 이르는 전 직원을 대상으로 원격근무 정책을 시행해 왔다. 원격근무를 시행하는 회사 중에서도 가장 유명하고, 그만큼 성공적인 행보를 보여온 곳. 때문에 인터뷰가 결정되었을 때는 정말 꿈이 아닌가 싶을 정도였다. 그리고

겨우 일정을 맞춰 드디어 그를 만나러 이곳, 스페인에서 열리는
워드캠프*에 도착한 것이다. 컨퍼런스 첫째 날, 그의 기조 연설이
끝나자마자 미리 마련해 둔 별도의 공간에서 촬영을 시작했다.
19세에 워드프레스를 개발하고, 21세에
오토매틱을 창업한 이 젊은 사업가의
이야기에서는 자신감과 독특한 연륜이
묻어났다.

* 워드프레스 개발자부터
사용자까지, 다양한 사람들이 모여
정보를 주고받고, 의견을 교환하며
교류하는 모임으로, 세계 각지에서
개최되며 워드프레스닷컴을
서비스하는 오토매틱의 직원들도
참석한다.

**오늘은 사실 오토매틱의 10주년 기념일이기도 해요.
47개가 넘는 나라에서 일하는 4백여 명의 직원들과
함께 오토매틱의 10주년을 축하하는 시간을 보내고
있습니다.**

오토매틱은 워드프레스닷컴과 같은 워드프레스를 위한 각종
서비스들을 개발하고 제공하는 회사로, 2005년 설립되었다.
현재 본사는 미국 샌프란시스코에 위치한 2층짜리 작은 빌딩에
자리하고 있는데, 실제로 본사로 출퇴근하는 직원은 약 20여
명 정도에 불과하며 그마저도 현장 업무가 필수인 경우에만
한정된다. CEO인 맷 뮬렌웨그를 포함한 회사 직원 대부분이
샌프란시스코 밖에서 일하고 있는 것이다.

**워드프레스를 함께 시작한 마이크 리틀Mike Little과 저는
온라인으로 만난 사이였습니다. 당시 마이크는 영국에 살고 있었고,
저는 미국 텍사스 주의 휴스턴에 살고 있었죠. 당연히 실제로는
만난 적이 없었고, 매일같이 온라인으로 함께 일을 했어요.**

다른 많은 오픈소스 프로젝트들이 그러하듯 워드프레스도
전 세계 다양한 사람들의 손길이 모여서 진행되고 있는

프로젝트다. 2003년 워드프레스를 론칭하고 2년 뒤 그가 오토매틱을 설립할 때, 원격근무를 시행하기로 결심한 것은 지극히 당연한 선택이었다.

각자 다른 곳에 살고 있는 사람들을 왜 굳이 샌프란시스코로 불러와야 하는지, 한 도시에 사무실을 열고 꼭 그 도시에서만 사람들을 채용해야만 하는지 의문이 들었어요. 샌프란시스코나 뉴욕, 보스턴이 아니더라도 멋진 인재들은 전 세계에 퍼져 있고 저는 이들과 일을 하고 싶었거든요. 인터넷이 이미 모든 곳에 보급되어 있으니, 원격근무를 통해 장소에 관계없이 어디서든 사람들을 채용해야겠다고 마음먹었습니다.

최고의 글로벌 인재를 채용하는 법

+ + +

원격근무를 시행하는 기업의 경영진들이 하나같이 입을 모아 이야기하는 점은 인재 채용이야말로 기업이 원격근무로 얻을 수 있는 가장 큰 장점이자, 동시에 원격근무를 제대로 작동하게 만드는 가장 중요한 요소라는 것이다. 그중에서도 오토매틱은 국경의 장벽이 없는 채용과 원격근무

시행으로 회사가 어디까지 성장할 수 있는지를 성공적으로
보여준 곳이다. 오토매틱은 원격근무뿐만 아니라 독특한 채용
방식으로도 잘 알려져 있다. 별도의 화상통화나 대면 면접
없이 대부분 채팅과 시험 과제 수행만으로 직원을 채용한다.
어지간해서는 지원자와 면접관 사이에 단 한 차례의 음성통화도
하지 않는다. 얼굴이나 목소리에서 면접관이 자신도 모르게
가질 수 있는 편견을 아예 없애겠다는 의도다.
'채용하기 전에 이 사람이 어떤 사람인지 정도는 알고 싶지
않은가요?'라는 내 질문에 그가 오히려 되물었다.

**오프라인에서 협력사를 만나고 미팅을 해야 하는 일부
사람들에게 요구되는 사항들, 가령 인상착의라던가 사교성,
옷매무새 같은 것들을 왜 디자인, 엔지니어링, 관리, 제품 개발
같은 다른 분야에서 일하는 사람들에게도 적용해야 하나요?**

오토매틱에서는 일하기 위해 사무실로 출근해야 할 필요가 없는
것처럼 옷을 잘 입어야 할 필요도, 뛰어난 사교성을 갖출 필요도,
말을 잘 할 필요도 없다. 팀원들과의 소통에 문제가 없고, 자신이
맡은 직무를 지구 어느 곳에서든 잘해 나갈 수만 있으면 된다.
당연한 것 아니냐는 듯한 그의 반문에 예전의 기억 하나가
떠올랐다. 내가 호주에 머물고 있었을 때, 누구나 이름을 대면
알 만한 한국의 한 기업에서 스카우트 제의를 받은 적이 있다.
그런데 다짜고짜 대면 면접을 하러 한국으로 비행기를 타고
오라고 요구를 해서 무척이나 당황스러웠다. 그쪽에서 먼저
제의했으면서도 당시 다른 회사 소속이었던 내 일정은 전혀
배려하지 않았고, 심지어 교통비에 대한 언급조차 없었다. 물론
나는 면접을 보러 가지 않았다.
오토매틱은 채용에서 단 한 가지, 업무 능력에만 집중한다. 능력

있는 사람을 채용하는 것, 그 외의 다른 것은 생각하지 않는다.
모든 직원은 입사하면 2천 5백 달러(약 280만 원)의 '홈 오피스
예산'과 컴퓨터를 지급 받는다. 따로 정해진 사무실이 없는
만큼 책상과 의자, 그 외 전자 기기 등 업무에 필요한 물품과
환경을 조성하는 데 쓰는 비용이다. 재택근무를 해도 되고, 다른
사람들과 좀 더 소통할 수 있는 공간을 선호하거나, 여러 도시를
옮겨 다니면서 각 도시의 협업공간에서 일하기를 원한다면
협업공간 멤버십 비용도 지급한다. 집이든, 협업공간이든, 세계
어느 도시에서건 자신의 업무만 잘하면 된다.

업무 시간 역시 따로 정해져 있지 않다. 누군가는 아침
9시부터 일을 시작하기도 하고, 밤에 집중이 잘 되는 사람은
늦은 시간에 일해도 된다. 오전에 일하고 휴식 시간을 가진 후
늦은 오후에 다시 일하거나, 업무 도중에 은행을 가는 것도,
아이를 데리러 어린이집에 다녀오는 것도 문제될 게 없다.
오토매틱 VIP부서의 팀장 스테프 리우는 국내의 디지털
전문 미디어 <블로터>와의 인터뷰에서 오토매틱의 자율
근무시간제를 두고 이렇게 이야기했다.

**사무실에 하루 종일 앉아 있다고 생각해 봐요. 어떤 시간에는
피로감이 몰려올 수도 있고요. 사실 아직 일할 준비가 안 된
상태일 때도 있죠. 그런 시간이 오히려 낭비하는 시간이고
비효율적인 시간이라고 봐요. 원격으로 일하면서 저는 일을
시작할 준비가 완벽히 됐을 때 일을 하고 제 능력을 다 발휘하기
때문에 일에 집중할 수 있죠. 또 다른 한 가지는, 오토매틱은
가족 친화적인 회사예요. 많은 직원들이 아이가 있고 가족을
중시해요. 만약 아이가 아픈데 일단 출근했다고 생각해
봐요. 회사에 있을 때 얼마나 걱정되고 집중이 안되겠어요.
오토매틱에선 항상 그래요. '가족부터 먼저 챙겨. 그리고**

**급한 일이 해결되고 나서 일할 수 있을 때 하면 돼.' 그렇게
해서 업무에 복귀하면 오히려 일의 생산성이 높아질 거라고
보는 거예요.**
'워드프레스의 기업 오토매틱, 원격근무의 천국',
<블로터>(2016년 5월 23일)

오토매틱은 또한 전 세계에서 채용한 이 인재들이 어떻게
회사에 애착을 가지고 오랜 기간 함께할 수 있을지, 인재 육성과
유지에도 심혈을 기울인다. 1년에 따로 정해진 휴가일수 없이
각자 희망하는 만큼 휴가를 가질 수 있는 '열린 휴가 정책'은 이런
고민 끝에 생긴 복지혜택이기도 하다.

이러한 제도와 복지는 오토매틱이 직원들을 신뢰하기 때문에
가능한 일들이다. 그렇게 해서 직원의 업무 효율이 오르면 곧
좋은 성과로 이어진다는 것을 알고 있기 때문이 아닐까. 직원에
대한 무조건적인 신뢰 덕분에 오토매틱 직원들의 근속년수는
상당히 길다. 2013년 한 컨퍼런스에서 맷 뮬렌웨그가 밝힌 바에
따르면, 지금까지 회사에서 해고를 결정한 25~30명 이외에
자발적으로 회사를 떠난 직원은 창립 이래 약 10명에 지나지
않는다. 직원의 자율성을 중심으로 짜인 여러 정책이 직원들의
만족도와 근속기간에 긍정적인 영향을 미친 덕분이다.

이들이
온라인으로
협업하는
법

+ + +

그렇다면 전 세계에 퍼진 오토매틱의
직원들은 어떻게 서로 소통하고 함께
일할까?
오토매틱은 업무에 이메일을
전혀 사용하지 않는 것으로도
잘 알려져 있다. 대신 가장 주된
소통 수단으로 'P2'라는 테마를 적용한 블로그와 슬랙Slack이라는
협업도구를 사용한다. P2는 오토매틱이 직접 만든 워드프레스
테마로, 오토매틱의 직원은 모두 각자 맡고 있는 업무의 진행
상황과 관련 정보, 성과 등을 P2가 적용된 사내 블로그에
기록한다. 동료의 게시물에 댓글로 의견을 달고 피드백을 주고
받을 수도 있다. 각 게시물에는 프로젝트별로 태그가 달려 있어
클릭 한 번으로 모든 관련 게시물을 찾아볼 수도 있다. 이 사내
블로그를 이용해 오토매틱에서는 이메일처럼 몇몇 사람들
사이에만 정보가 공유되는 대신, 부서 간의 장벽 없이 4백여 명이
넘는 직원이 자유롭게 게시물을 열람한다. 회사의 전 직원이 함께
작성하고 사용하는 일종의 공유 블로그인 셈이다.

실시간 대화에는 기업용 메신저인 슬랙을 이용한다. 2013년
실리콘밸리에서 등장한 슬랙은 2015년 <MIT 테크놀로지
리뷰>가 발표한 '가장 똑똑한 기업 2015'에서 36위로 꼽혔다.
IBM, 마이크로소프트, 스냅챗보다 앞선 순위다. 2016년 기준으로
매일 4백만 명이 넘는 유저가 전 세계에서 슬랙을 사용하고 있다.

슬랙으로 부서별, 팀별로 실시간 대화를 나누는 것은 물론 각종
문서와 파일을 공유하고 언제든지 공유한 내용을 검색할 수도 있다.
P2가 업무 관련 내용을 정리하고 진행사항과 결과물을 공유하는
저장소의 역할을 한다면, 동료와 업무 이야기뿐만 아니라 잡담을
나누기도 하는 슬랙 채팅방은 일종의 원격 사무실 역할을 하는
셈이다.

원격근무를 시행하는 회사라고 해서 매일 함께 일하는 동료들의
얼굴조차 볼 수 없는 건 아니다. 매해 오토매틱은 세계 각지의
도시에서 워드프레스 컨퍼런스인 '워드캠프'를 개최하고,
전 세계의 워드프레스 관계자들이 모여 교류하는 장을 마련한다.
뿐만 아니라 같은 팀 동료 간에는 언제든 원할 때마다 한 공간에
모여서 함께 시간을 보내고 브레인스토밍을 할 수 있도록
지원한다. 물론 여기에 드는 여행 경비 일체는 회사가 부담한다.

**1년에 3~4주 정도는 동료들과 함께 보내죠. 그리고 나머지
48주는? 인터넷 이용만 가능하면 어디든 상관없어요. 어디서
어떻게 일할지는 전적으로 당신의 의사에 달려 있습니다.**

맷 뮬렌웨그는 원격근무로 얻을 수 있는 여러 장점에도 불구하고
많은 회사들이 도입을 주저하는 이유는 간단하다고 말한다.
'새롭고 낯설기 때문'이다.

**예전에는 기업들이 업무를 처리할 때 이메일을 이용하는 것을
주저하기도 했습니다. 믿기지 않겠지만, 정말 그랬죠. 지금
오토매틱에서와 같은 자유를 한번 맛보면, 예전처럼 일하는
방식으로 돌아가기 어렵습니다. 그 덕분에 우리는 최고의
인재들을 고용할 수 있어요.**

캐나다 IT 솔루션 회사 소프트초이스Softchoice의 설문조사에서
응답자의 70퍼센트가 '원격근무를 포함한, 좀 더 자율적인
근무가 가능한 회사로 이직하기 위해 현재의 회사를 그만둘 수
있다'고 답한 바 있다. 우수한 인재를 얻을 수 있는 비결이
지금까지는 높은 연봉과 성과급에 초점이 맞춰져 있었다면,
이제는 자율적인 근무시간과 근무지가 새롭게 대두되고 있음을
알 수 있다.

오토매틱은 이러한 사실을 정확하게 인지하고, 최고의 인재
채용에 전력투구하고 있다. 뛰어난 인재야말로 회사를
성장시키는 가장 중요한 동력임을 알고 있기 때문이다.

**저는 미래에는 많은 회사들이 어떤 형태로든 원격근무를
시행하게 될 것이고, 그렇지 않은 회사들은 경쟁에서 밀려나 얼마
버티지 못하리라 생각합니다. 왜냐고요? 바로 이것이 똑똑한
사람들이 원하는 일의 방법이기 때문입니다. 그리고 인재들이
몰려드는 곳이 또 다른 아이폰, 다음 구글을 만들어 낼 곳이기
때문입니다.**

똑같이 일하면서도 비용을 절감할 수 있는데
굳이 사무실은 필요 없죠.
데이비드 하이네마이어 핸슨David Heinemeier Hansson
(베이스캠프 창업자 & CTO)

BASECAMP OFFICE, CHICAGO

효율의
극대화를
실현하다,
베이스캠프
Basecamp

+ + +

베이스캠프의 공동 창업자이자 최고기술경영자CTO인 데이비드
하이네마이어 핸슨을 만나기 위해 시카고로 향했다. 덴마크
출신의 개발자인 그는 <뉴욕타임스> 베스트셀러에 선정된
<리모트Remote>와 <리워크Rework>의 공동 저자로도
유명하다. 또한 스페인의 마벨라, 덴마크의 코펜하겐, 미국의
시카고를 주로 오가며 생활하는 디지털 노마드이기도 하다.
스페인에서 열린 워드캠프에 참석했을 때 그와 일정만 맞았으면
경치가 그림 같다는 마벨라에서 촬영을 할 수 있었을 텐데, 며칠
차이로 그를 놓치는 바람에 대신 시카고에서 만나 인터뷰하기로
했다. 시카고에는 베이스캠프의 본사가 있어 사무실을 카메라에
담을 수 있다는 생각에 잔뜩 신이 났다.

약속 시간보다 조금 일찍 도착한 촬영 당일, 사무실 문은 굳게
잠겨 있었다. 사무실 안은 텅텅 비어 있고, 문 앞에서 발만 동동
구르는데 마침 도착한 한 직원 덕분에 겨우 안으로 들어갈 수
있었다. 이 사무실은 시카고에 살고 있는 10명 남짓한 직원들의
편의를 위해 만든 공간이라는데, 월요일이라 그런지 전부
재택근무를 하는 듯했다.

협업 관리 소프트웨어 '베이스캠프'를 개발한 개발사
베이스캠프(서비스와 회사 명칭이 같다)는 1999년 창립

당시부터 지금까지 줄곧 전 직원 원격근무 방침을 고수하고
있다. 베이스캠프의 공동창업자이자 CEO 제이슨 프리드Jason
Fried와 CTO 데이비드 하이네마이어 핸슨(이하 핸슨)은
베이스캠프의 경영 이야기를 다양한 채널을 통해 전파하며
오랜 시간 많은 경영자와 디지털 노마드에게 영감을 주었고,
자연스레 베이스캠프는 원격근무를 도입하고자 하는 여러
회사들의 롤모델이 되었다.

원격근무를
통한
비용 + + +
절감

핸슨을 비롯한 베이스캠프의
경영진들은 회사의 지출
항목에서 눈을 떼지 않고,
겉치레보다는 수익으로
회사의 가치를 증명해야
한다는 점을 끊임없이 강조해 왔다. 특히 핸슨은 실리콘밸리를
시작으로 전 세계에 스타트업 붐이 불 때도, 자체 수익 없이
투자금으로만 운영하며 겉으로 보이는 모습을 치장하기에
여념이 없는 일부 기업들에 날선 비난을 멈추지 않았다.
베이스캠프는 원격근무가 불필요한 사무실 경비를 절감하는

효율 높은 경영 방법임을 강조한다. 창립 20년을 목전에 둔 지금,
베이스캠프는 동종 업계 기업들 중에서도 두드러지는 성과와
수익률을 보여주고 있다.

**처음 베이스캠프에 합류했을 때 저는 덴마크에 있었고,
시카고에 있는 베이스캠프 팀과 온라인으로 일을 했어요. 우리는
이전까지 사무실에서 일했던 것보다 원격근무를 하면서 훨씬
더 많은 일들을 해내고 있다는 걸 깨달았습니다.**

1999년 설립된 베이스캠프는 2009년까지 10년이 넘도록
별도의 사무실이 없었다. 사무실을 열고 유지하는 데에는 상당한
고정 비용이 필요하다. 핸슨은 그 비용을 굳이 소모하지 않고도
똑같이 일할 수 있는데, 사무실은 굳이 필요하지 않다고 말한다.

**지금 시카고에 있는 이 사무실은 회사가 어느 정도 궤도에 오르고
난 이후에 가진, 일종의 기분 좋은 사치품인 셈이죠. 시카고에
살고 있는 직원들 중 누구든지 사무실에 오고 싶으면 오는 거고,
회의가 있거나 인터뷰가 있을 때 이 장소를 사용하기도 해요.
1년에 한 번씩 전 세계의 팀원이 한자리에 모일 때도 이용하고요.**

그는 원격근무로 많은 비용을 절감한 회사의 대표 사례로 IBM을
언급했다. IBM에서 일하고 있는 직원은 약 37만 명 가량으로,
보통 원격근무라고 하면 작은 회사나 스타트업에서나 시행하기
적합하다는 고정관념을 깨는 사례다. IBM은 1995년부터
20년이 넘도록 차근차근 사무실을 줄이는 프로젝트에 착수해
왔다. 지금까지 IBM이 줄여온 사무공간은 무려 7천 8백만
평방 피트(약 7백 20만 제곱미터). 기존에 소유한 사무실을
매각함으로써 IBM은 19억 달러(약 2조 원)의 수익을 얻었다.

IBM이 사무공간 축소로 매년 얻는 이익은 미국 내에서만 연간 1억 달러에 이른다.

기업의 최종 목표는 뭐니 뭐니 해도 영리추구이니만큼, 회사의 입장에서는 원격근무가 그 목표에 부합하는 정책인 셈이다. 원격근무를 위한 각종 소프트웨어 사용 교육과 인프라 조성에 필요한 비용을 계산해 보아도 기업에는 이익이다. 미국 의회 예산처는 약 5년에 걸쳐 재택근무가 가능하도록 인프라를 조성하고 이를 도입하는 데 들어가는 비용을 약 3천만 달러로 추산했다. 이는 폭설이 내려 워싱턴 DC의 연방 사무실이 하루 동안 문을 닫을 때 손실되는 비용인 1억 달러의 삼분의 일에도 채 미치지 않는다. 이 정도의 투자로 원격근무를 도입했을 때, 폭설로 직원들이 출근을 못 해도 서비스를 전면 중단할 필요가 없다. 위험 부담을 최소화하는 동시에 비용 절감 효과 역시 상당한 셈이다.

또 다른 비용 절감의 사례로 2010년 스탠포드대의 연구진이 중국의 대형 여행사 씨트립CTrip과 함께 시행한 연구를 들 수 있다. 씨트립은 원격근무를 도입하여 연간 직원 당 약 2천 달러(약 220만 원)의 비용을 절감할 수 있었을 뿐만 아니라, 직원들의 생산성 역시 13퍼센트 증가했다. 원격근무가 한자리에 모여 일하는 것보다 더 높은 생산성과 효율성을 보여준 것이다.

당신은 이미 원격근무를 하고 있다

원격근무가 마치 딴 세상 이야기처럼 들릴 수도 있다. 하지만 핸슨은 미처 깨닫지 못했을 뿐, 우리는 이미 원격으로 일하고 있다고 지적한다.

잘 생각해 보세요, 사람들은 이미 원격으로 일을 하고 있어요. 대부분의 사람들이 이미 업무 협의가 필요할 때마다 직접 다른 부서까지 찾아가서 얼굴을 마주보고 이야기하지 않아요. 면 대 면 소통은 이메일과 각종 메신저 프로그램 등으로 완전히 대체된 지 오래예요. 그런데도 굳이 직접 사람을 만나서 이야기를 해야만 할까요?

바로 옆자리 팀원과도 메신저로 대화하고, 이메일을 보내 업무를 처리하는 풍경은 우리에게도 매우 익숙한 일상이다. 한 사무실에서 우리는 이미 여러 가지 형태로 원격근무를 경험하고 있다. 그럼에도 왜 여전히 많은 사람들이 원격근무를 낯설게 인식하고 있을까? 아직도 협의와 소통을 하려면 반드시 얼굴을 마주해야만 한다고 생각하는 걸까? 이에 대해 핸슨은 직설적인 표현을 아끼지 않고 답했다.

사람들은 새로운 것보다는 자신에게 익숙한 것, 자신이 하고 있는 것을 변호하기 마련입니다. 대다수의 사람들이 이제까지 한 공간에 모여서 정해진 시간 동안 일을 해 왔고, 그들의 부모 세대 역시 같은 방식으로 일을 해왔으니까요. 아침에 일어나서, 정확히 정해진 시간에 다른 모든 사람들과 함께 사무실로

향하죠. 대중교통 안에서든 자동차에서든, 출근길은 정말 엄청난 낭비입니다. 그리고 사무실에 도착해서는 하루 종일 자신의 책상으로 찾아오는 사람들에게 끊임없이 방해를 받으면서 시간을 보내는 거예요. 조용히 집중해서 업무를 볼 수 있도록 보장되는 시간은 거의 없어요. 이게 바로 많은 사람들이 익숙해져 있는, 변호하고 있는 일을 하는 방식인 거예요.

그는 자신의 저서 <리모트>의 '원격근무에 반대하는 온갖 변명들'이란 챕터에서 보안, 직원 통제, 기업 문화를 핑계로 원격근무를 반대하는 이들에게 조목조목 반박한다. 또 짧지 않은 시간, 원격근무 시행사를 직접 경영하며 체득한 노하우도 아주 구체적으로 제시하고 있다.
하나의 예로 베이스캠프에서는 구글 행아웃을 사용해 화상채팅으로 소통하고 업무를 처리한다. 핸슨은 이러한 온라인 소통 방식이 직접 만나 회의하는 것과 거의 차이가 없다고 이야기한다.

요즘 온라인 소통 도구들은 오프라인에서 직접 만나는 것과 거의 흡사할 정도로 훌륭한 경험을 제공합니다. 95퍼센트까지는 구현이 가능하달까요? 물론 나머지 5퍼센트도 중요하죠. 우리는 1년에 한 번씩 한동안 모두가 시카고의 이 사무실에 모여서 시간을 보내는 걸로 그 5퍼센트를 채웁니다.

한자리에 모여서 브레인스토밍을 하고 각종 아이디어를 떠올리는 경험은 분명 중요하지만, 그 5퍼센트를 위해서 매일 모든 사람이 출퇴근을 감수하며 한자리에 모여야 할 필요는 없다. 회사 업무의 대부분은 회의 때 떠올린 아이디어를 실제로 구현하는 것이기 때문이다. 함께 아이디어를 떠올리는 시간을

가진 뒤, 다시 각자가 가장 편한 공간으로 돌아가서 일에
집중하는 것이 더 중요하다고 핸슨은 말한다. 그는 '심지어
행아웃은 완전히 무료'라고 덧붙이며 비용 절감의 장점을 한 번
더 언급하는 것도 잊지 않았다.

앞에서 오토매틱의 CEO 맷 뮬렌웨그가 말했듯 원격근무는 인재
채용에도 큰 도움이 된다. 사람들을 자신이 살고 있는 도시에서
사무실이 있는 도시로 이사하도록 만드는 데는 상당한 비용과
시간이 들고, 때로는 아예 불가능하기까지 하다. 다른 국가,
다른 도시에서 인재를 데려올 경우, 그 사람의 능력에 따라 높은
연봉은 물론 숙소 제공 등 다양한 복지 조건이 따라붙는다. 그러나
원격근무의 경우는 다르다. 핸슨은 원격근무를 시행하면 채용할 때
지리적 한계점이 애초에 존재하지 않는다는 것을 강조한다.

훌륭한 인재는 시카고에만 있는 것이 아니라 전 세계에 퍼져
있는데, 이들과 함께 일하기 위해 이들을 억지로 이동시키는
것보다는 자신이 있는 곳에 그대로 있도록 하는 게 훨씬 더
편합니다. 우리 직원 중에는 재택근무를 하는 사람도 있고,
집보다는 카페나 협업공간을 선호하는 사람도 있어요. 오전은
집에서, 오후에는 협업공간에서 일을 하는 식으로 장소를
옮기면서 일을 하는 사람도 있고요. 뭐가 되었든 간에 그때그때
상황에 따라서, 또는 개인에 따라서 가장 최선인 방식으로
일을 하는 거죠. 가장 중요한 건, 원격근무를 시행함으로써
각 직원들이 자신에게 가장 적합한 방식으로 일을 할 수 있도록
선택의 기회를 주는 겁니다.

+ + +

개발자만 디지털 노마드로 살 수 있나요?

디지털 노마드를 주제로 칼럼을 쓰고, 다큐멘터리를 만드는 동안 정말 많은 사람들에게 똑같은 질문을 받았다. '원격근무는 개발자만 할 수 있는 게 아닌가요?'라는 질문이었다. 원격근무가 가능한 직종은 매우 한정되어 있다는 오해는 많은 사람들이 디지털 노마드에 거리감을 갖는 이유 중 하나다. 미디어에 자주 등장하는 원격근무 시행사가 대개 IT 기업인 경우가 많기 때문에 쉽게 가질 수 있는 의문이기도 하다.

사실 원격근무 시행사로 이름난 회사의 상당수가 정보 기술 관련 기업인 것은 어떻게 보면 당연하다. 이들은 회사가 속한 산업군의 특성상 이미 각종 소프트웨어를 다루는 데 매우 익숙하다. 직접 얼굴을 마주보고 회의를 하는 대신 스카이프나 구글 행아웃으로 이야기를 나누고, 다양한 협업도구와 프로그램을 자유자재로 다루거나 처음 사용하더라도 비교적 쉽게 사용법을 익힐 수 있는 사람들이다. 이들에게 원격근무로의 전환은 상대적으로 용이할 수밖에 없다. 의사 결정권자 역시 이러한 업무 방식에 익숙하기에 원격근무를 시행하기가 다른 조직에 비해 훨씬 수월하다. 원격으로 근무하는 프리랜서 중에 개발자가 더 눈에 띄는 것 역시 마찬가지 이유다.

또한 여기에는 특정 전문성에 대한 시장에서의 수요와 공급 간의 차이도 작용한다. 구인하려는 회사는 많은데 시장에 해당 직업군의 인재가 충분히 많지 않을 때, 당연히 수요가 높은 기술의 소지자가 가진 협상력은 커질 수밖에 없다. 개발자

채용에 혈안이 된 IT 업계 기업들이 앞다퉈 원격근무를 시행한
것도 이런 까닭이다.

그러나 IT 기업에도 전 직원이 개발자로 구성된 곳은 없을 뿐더러,
우리가 보통 '전통 산업'이라고 생각하는 분야의 기업들 중에서도
원격근무를 적극 도입하고 시행하는 기업들이 있다. 미국 최대
회계기업인 딜로이트Deloitte를 비롯한 상당수의 보험, 금융
회사들이 그러하다. 업무에 필요한 각종 정보, 문서들을 사무실
서랍장 대신 클라우드로 옮기면서 일어난 현상이다.

핸슨은 재택근무를 하든, 디지털 노마드가 되든 앞으로 더
많은 사람들이 원격으로 일할 것이라고 말한다. 특히 컴퓨터로
일하는 사람들은 지금도 당장 하고 있는 일을 얼마든지 원격으로
전환할 수 있다고 본다.

**만약 하는 일이 기계를 조작하고 관리하는 것이라면 그 사람은
그 기계 근처에 있어야만 하죠. 하지만 이렇게 사람이 현장에
있어야만 하는 종류의 일들은 가면 갈수록 줄어들고 있습니다.
반대로 점점 더 많은 일들을 우리는 컴퓨터로 처리하고 있죠.
오늘날 대부분의 업무는 커뮤니케이션, 협업, 아니면 소프트웨어나
문서, 음악, 각종 형태의 콘텐츠 등 뭔가를 만들어 내는 것입니다.**

최근 큰 이슈를 몰고온 인공지능 알파고는 로봇과 자동화의
시대가 머지않았음을 눈앞에서 보여 주었다. 터치스크린
형식의 무인정보시스템 '키오스크kiosk'는 이미 대형빌딩의
안내데스크를 점령했고, 최근에는 패스트푸드점까지 진출해
무인계산시스템이 확산되고 있다. 앞으로 점점 더 빨리 현장에서
이뤄지는 단순한 작업들은 무인화될 것이고, 많은 새로운
일자리가 지식·서비스 산업에서 발생할 것이다. 업무 형태의
변화는 이미 진행 중인 현실이다.

프리랜스 플랫폼계의 떠오르는 신흥강자,

톱탤
Toptal

많은 사람들이 가족과 보다 많은 시간을 보내기 위해,
그리고 일 때문에 주거지를 옮기지 않아도 되는 자유를 찾아
톱탤의 문을 두드리곤 합니다.

브랜든 베네슈트Breanden Beneschott
(톱탤 공동 창업자 & COO)

+ + +

*   meet-up: 특정 주제에
관심있는 사람들이나 커뮤니티가
오프라인에서 가지는 비공식 모임

톱탤을 알게 된 것은 촬영을 막 시작했을 즈음 한 동유럽
개발자 커뮤니티의 미트업*에 나갔을 때였다. 톱탤이라는
프리랜스 플랫폼 회사가 있는데, 회사 이름처럼 상위
3퍼센트의 실력을 가진 개발자들만 고용한다더라는 소문이
자자했다. 지원자들을 대상으로 회사에서 아주 깐깐하게
테스트를 시행하고, 합격한 사람들만 모아 개발자를 구하는
전 세계의 고객사들과 연결시켜주는 서비스를 제공하는 곳.
들리는 소문으로는 혜성같이 나타난 이 회사가 창립 10년이 훨씬
넘은 다른 거대 프리랜스 플랫폼들을 위협하고 있다고 했다.

　　　여러 차례의 시도 끝에 마침내 톱탤의 공동 창업자이자
최고운영책임자COO로 있는 브랜든 베네슈트를 마이애미에서
만날 수 있었다.

**예전에 한 스타트업에서 최고기술경영자로 있을 때였어요. 저는
10명 남짓한 팀원들과 아주 비싼 사무실에 앉아서 일을 하고
있었죠. 각자의 컴퓨터 앞에 앉아서, 머리에는 헤드셋을 쓰고요.
다른 팀원의 자리까지 찾아갈 것도 없이 메신저로 이야기하면
그만이었죠. 그리고 그 누구도 서로 얼굴을 마주 보지 않았어요.
저는 그 사실을 불현듯 깨달았던 순간을 절대 잊지 못할 겁니다.**

번듯한 사무실이 있는 것은 분명 좋은 일이지만, 비싼
임대료를 감당하면서까지 꼭 가지고 있어야 하는 필수 요소가

아니라는 것을 베네슈트는 그때 깨달았다고 한다. 동시에
실리콘밸리에 불어닥친 스타트업 붐으로 너나 할 것 없이
개발자를 필요로 하지만 정작 실리콘밸리 안에는 개발자가
충분하지 않은 현실 역시 눈에 들어왔다. 그렇게 베네슈트는
2010년 공동 창업자이자 현재의 CEO 타소 드 발Taso Du Val과
함께 톱탤을 설립했다.

실리콘밸리의
고정관념을
타파하다

+ + +

실리콘밸리는 미국 캘리포니아
북부 지방의 샌프란시스코 만
인근 지역을 일컫는 이름이다. 과거 실리콘 칩의 주 생산지였던
이곳에서는 인텔, IBM, HP, 애플, 구글, 페이스북, 트위터에
이르기까지 수많은 IT기업이 탄생했다. 전 세계 벤처 캐피털의
삼분의 일이 실리콘밸리에 자리 잡았고, 미국 전체 벤처 투자
금액의 절반 가까이를 실리콘밸리에서 유치한다.

**실리콘밸리 하면 떠오르는, 여러 멋지고 쿨한 스타트업의
이미지를 아실 겁니다. 멋진 인테리어로 꾸민 사무실 한 편에는
탁구대가 있고, 모든 직원이 행복해 하면서 다같이 피자를 먹고
맥주를 마시는 모습 같은 것 말이에요. 투자 받은 사업 자금을
써서 말이죠. 문제는 성공한 스타트업이 연달아 나타나면서**

많은 벤처 캐피털이 실리콘밸리에 자리잡기 시작했고, 돈이 움직이는 길을 따라 수많은 사람들이 전 세계에서 이 한곳으로 몰려들기 시작했다는 겁니다. 실리콘밸리 지역 내에서도 특히 샌프란시스코는 이 모든 수요를 감당할 수 있을 만큼 큰 도시가 아닙니다. 당연히 주거비는 물론 사무실 임대비, 개발자의 몸값까지 천정부지로 치솟기 시작했어요. 이런 상황에서 갓 투자 자금을 유치한 스타트업들은 순식간에 이 자금을 사무실 임대료로 날려 보냅니다. 뿐만 아니라 개발자 구하기가 하늘의 별따기인 상황에서 작은 회사들은 그 몸값을 감당할 수도 없어요. 그런데 이 모든 문제는, 회사가 직원을 출퇴근 가능한 한정된 지역에서만 채용한다는 발상을 전환하기만 해도 쉽게 해결할 수 있습니다.

내 첫 직장이었던 샌프란시스코의 회사 역시 IT 스타트업이었다. 당시에도 만나는 이마다 사람 구하기가 얼마나 힘든지 토로하는 것을 듣곤 했다. 마치 전쟁과도 같다는 개발자 구하기는 시간이 갈수록 심해지면 심해졌지 나아지지는 않은 듯했다.

이 실리콘밸리를 배경으로 한 스타트업의 고군분투기를 재미있게 그려낸 미국 드라마 <실리콘밸리>를 보면, 주인공의 스타트업이 실리콘밸리의 인건비 수준을 감당하지 못해 고충을 겪는 모습이 등장한다. 결국 직원들이 회사를 그만두고, 회사는 서비스 개발을 더 이상 해나갈 수 없는 상황에 놓인다. 여기서 주인공의 스타트업이 해결책으로 내세운 카드가 바로 원격근무였는데, 드라마를 보면서 '아니 저렇게 고생을 하지 말고 원격근무를 시행해 보면 안 될까?' 하고 생각하는 와중에 바로 그 장면이 등장해서 깜짝 놀란 기억이 있다.

다른 많은 사회 변화들이 그러하듯 원격근무 또한 그 등장의 배경에는 경제 논리가 깔려 있다. 원격근무 시행은 직원의 행복을 추구하고 자유를 존중하는 최첨단 업무 방식 혹은 복지 혜택으로 보일 수도 있지만, 사실은 기업이 치열한 경쟁에서 살아남기 위한 생존 전략이기도 하다.

인재 채용에 거듭 어려움을 겪자 실리콘밸리에서도 이름 높은 스타트업 육성 기관 와이 컴비네이터Y Combinator의 창립자인 폴 그레이엄Paul Graham은 '이민법 완화로 재능 있는 개발자들을 더 많이 미국(좀 더 자세히는 실리콘밸리)으로 데려오자'라는 내용의 글을 쓰기도 했다. 그런데 이에 오토매틱의 창업자 맷 뮬렌웨그가 '폴 그레이엄은 왜 틀렸나How Paul Graham Is Wrong'라는 제목의 반박문을 자신의 블로그에 게재하면서 화제를 불러일으켰다. 사람들을 한정된 지역으로 데리고 오는 것보다 그들이 지금 살고 있는 곳에서 일할 수 있도록 하는 것이, 그리고 회사의 위치에 관계없이 사람들이 자유롭게 이동할 수 있는 원격근무 시행이야말로 이민법 완화보다 훨씬 더 근본적인 해결책이라는 논지였다.

톱탤은 바로 이 점에 착안했다. 원격근무라는 매력적인 조건을 걸고, 최고의 인재들을 끌어들였다. 그리고 이렇게 구성한 인력풀을 톱탤이 선별을 마친 회사들에 중개하고 있는 것이다. 톱탤의 슬로건은 '톱탤에서 상위 3퍼센트의 최고의 인재들을 고용하세요'다. 경제 전문지 <블룸버그>는 한 기사에서 톱탤을 '아이비리그에 들어가는 것만큼이나 까다롭게 지원자 심사를 하는 곳'이라고 평했다.

톱탤은 철저히 프리미엄 모델을 지향함으로써 종래에 프리랜서를 따라다니던 '프리랜서는 저숙련 단기 노동에 적합한 것'이라는 이미지를 완전히 지워버렸다.

우리는 최고의 인재들이 최고의 회사들과 일할 수 있도록 다리를
이어 주는 역할을 하고 있어요. 실제로 지난 분기(2015년
4분기)에는 총 지원자 중 3퍼센트는커녕 1.5퍼센트에도
못 미치는 숫자가 우리 테스트를 통과했죠. 2016년부터는
개발자뿐만 아니라 디자이너도 톱탤과 일할 수 있도록 준비
중입니다. 현재 우리와 함께하는 개발자들은 수천 명에 이릅니다.

그는 지금 이 순간에도 전 세계에서 수많은 사람들이 톱탤에
지원서를 보내고 있다는 이야기를 덧붙였다.

가족을 위해 원격근무를 선택한 사람들

+ + +

톱탤은 어떻게 이렇게 뛰어난
인재들을 끌어모을 수 있었을까?
가장 널리 알려진 사실은 톱탤이
함께하는 개발자 모두에게
원격근무를 기본 조건으로
제시한다는 것이다.

톱탤을 시작하면서 만난 여러 훌륭한 인재들을 보면서, 이들이
대략 두 부류로 나뉜다는 점을 발견했어요. 첫 번째는 디지털

노마드라고 하면 가장 먼저 떠오르는 사람들이죠. 젊고, 미혼에, 자유로운 라이프스타일을 마음껏 누리는 20대와 30대. 그리고 나머지 절반은 바로 자녀를 둔 부모들입니다. 이들은 톱탤과 일하며 얻을 수 있는 자유를 여행에 사용하는 것뿐만 아니라 자녀와 시간을 보내고 최고의 부모가 되는 데 사용하죠. 실제로 유수의 기업에서 시니어급으로 일하던 많은 사람들이 가족과 보다 많은 시간을 보내기 위해, 그리고 일 때문에 주거지를 옮기지 않아도 되는 자유를 찾아 톱탤의 문을 두드리곤 합니다.

곧 한 아이의 아버지가 된다고 밝힌 베네슈트는 원격근무가 얼마나 가족 친화적인 제도인지 이야기했다. 사람들이 흔히 예상하는 것과는 달리 디지털 노마드의 핵심은 여행에 있지 않다. 개개인의 상황과 선호에 따라 장소에 구애받지 않고 자신의 삶을 설계할 수 있는 자유야말로 디지털 노마드가 각광 받는 진짜 이유다. 톱탤은 인재 채용에 대한 기업의 필요뿐만 아니라, 사람들의 이러한 욕구를 제대로 파악하고 해결책을 내놓았다. 원격근무 덕분에 아이들이 부모의 직장 때문에 학교를 옮기거나 정들었던 친구들과 작별할 필요가 없고, 자녀의 교육을 위해 기러기 아빠, 기러기 엄마가 될 필요가 없을뿐더러 하루에 몇 시간이 넘는 통근길 대신 가족과 더 많은 시간을 보낼 수 있다. 가족들에게 이보다 더 좋은 일이 어디 있을까?

한국에서 기업이 원격근무를 도입한다면 어떤 일이 일어날까? 가장 먼저, 사람 구하기 어렵다는 지역 소재 기업의 고민이 완화될 것이다. 가령 부산에 위치한 회사에서 직원을 채용할 때에도 부산뿐만이 아닌 전국에서 업무에 적합한 인재를 찾을 수 있다. 서울, 광주, 제주는 물론이고 업무에 따라 다른 나라에 거주하는 지원자까지, 채용 대상의 범위가 전 세계로

확장될 수 있다. 피고용자의 입장에서도 취직 때문에 굳이
고향을 떠나 서울이나 대도시로 이동할 필요가 없어질 것이다.
대도시의 값비싼 물가와 집값을 감당하지 않아도 되고, 가족과
친구들, 연인과 떨어질 필요도 없다.

원격근무는 지금까지의 채용 방식을 완전히 뒤엎는 방식이다.
지금 당장이라도 회사는 양적으로 월등히 많은 지원자들과
접촉할 수 있다. 톱탤은 여기에 깐깐한 자체 테스트를 통해
질적 가치를 더해 신뢰도를 높였다. 베네슈트를 비롯한 많은
경영자들은 원격근무가 채용의 양적인 면뿐만 아니라 질적인
면에도 영향을 미친다고 강조한다. 갈수록 점점 더 많은
사람들이 돈보다는 회사의 철학, 업무 환경 그리고 원격근무를
포함한 여러 혜택을 기준으로 회사를 선택한다. 톱탤은
기업에는 믿을 수 있는 확실한 인재 채용 서비스를 제공하고,
구직자에게는 완전한 원격근무라는 매력적인 협상 카드를
제시하며 프리랜스 플랫폼계의 강자로 빠르게 자리 잡을 수
있었다.

프리랜스 이코노미의 부상

+ + +

톱탤의 부상에는 원격근무뿐만
아니라 또 다른 중요한 사회 환경의 변화가 자리하고 있다. 바로
프리랜스 경제의 확산이다. 2016년 미국 프리랜서 노동조합과

업워크의 공동조사에 따르면, 35퍼센트의 미국 노동 인구가 이미 프리랜서의 형태로 경제 활동을 하고 있다. 이런 변화에는 여러 이유가 있을테지만, 가장 주된 요인으로 꼽는 것이 바로 기업의 인사관리 전략의 변화, 그리고 고용 형태의 변화다. 세계적으로 경쟁이 격화되는 가운데, 기업은 핵심 노동자층은 유지하되 업무에 따라 그때그때 필요한 외부 전문가에게 일을 맡기는 아웃소싱을 늘리는 방식으로 나아가고 있다. 종신 고용에 들어갔던 레거시 코스트를 절감하는 방향으로 기업 전략이 변하면서 고용 형태도 바뀌고 있는 것이다.

한편으론 피고용자의 입장에서도 종래의 고용 형태와 업무 환경에 회의를 느끼고 이를 탈피하려는 경향이 늘어나는 것으로 보인다. 같은 조사에 따르면, 사람들이 프리랜스 노동 형태를 택한 가장 큰 세 가지 이유는 업무 자율성과 권한, 업무 시간의 유연성, 그리고 업무 장소의 유연성이었다. 응답자의 77퍼센트는 프리랜스로 일하며 이전보다 훨씬 효과적으로 일과 삶의 균형을 유지할 수 있다고 응답했다. 또한 미국 노동통계국이 이들을 대상으로 실시한 설문조사에서는 기업에 소속된 전통 형태의 업무 환경을 선호하는 사람은 응답자의 10퍼센트 미만으로 나타나기도 했다. 시대의 변화에 따라 사람들의 가치관도 변한다. 평생 직장보다는 자아실현과 새로운 도전, 높은 연봉보다는 저녁이 있는 삶을 추구하는 사람이 늘어나고 있다. 학교를 졸업하고 취직 후 결혼하고, 아이를 낳고 그 아이가 자라 결혼할 때까지 일하다가 은퇴를 맞는 것이 평범한 인생이었던 시대는 이미 끝났다. '평생 직장'도 '종신 고용'도 없는 시대, 사람들 또한 '일'보다 '개인의 삶'을 우위에 놓기 시작한 것이다. 이런 변화에 발맞춰 여러 온라인 채용 플랫폼 회사들은 국경에 관계없이 프리랜스로 일을 하려는 사람과 프리랜서를 구하는 사람들 사이를 중개하는 역할을 하고 있다. 초창기에는 가상

비서virtual assistant, 고객 상담과 같은 저숙련 노동을
중심으로 인도, 필리핀과 같은 개발도상국에 특히 중개가
집중되었다. 쉬운 일을 더 낮은 인건비로 처리하고자 하는
기업의 전략 때문이었다.

그러나 이전까지의 원격근무가 인건비 절약을 목적으로 저숙련
노동을 개발도상국으로 이전하는 저렴한 아웃소싱의 개념으로
시행되어 왔던 것과 반대로, 점차 프리랜스 직종과 고용의 폭이
넓어지고 있다. 이제는 프로젝트 단위로 업무에 적합한 전문
인력, '특정 업무에 꼭 필요한 능력을 가진 사람'을 찾는 시장에
주력하고 있다. 톱탤 역시 최고의 인재를 영입해 주겠다는
약속을 기업에 내세운다. '당신 회사의 인사담당자가 갖은
수고를 들여도 찾기 힘든 프리미엄 인재를 우리가 찾아주겠다,
채용에 들어가는 시간과 비용을 줄이고 우리를 통해 최고의
인재를 만나라'는 제안을 한 것이다.

우리는 어디든 갈 수 있고, 어느 곳에서든 팀을
키워 나갈 수 있다는 사실을 깨달았을 때 정말 신이 났어요.
조엘 가스코인Joel Gascoigne & 레오 위드리치Leo Widrich
(버퍼 공동 창업자)

원격근무로 만들어 나가는 팀워크, 버퍼

Buffer

+ + +

원격근무를 이야기할 때 가장 흔히 나오는 이야기가 바로
'팀워크'다. 회사는 혼자가 아니라 함께 일하는 곳인데, 어떻게
서로 떨어져 있는 채로 팀원들과 소통하고 또 신뢰를 쌓으며
일할 수 있을까? 같은 공간에서 보내는 시간이 적으니 아무래도
팀워크 유지가 어렵지 않을까? 화상채팅으로는 아무래도 한계가
있을 텐데, 일만 함께 하는 삭막한 관계로 남는 게 아닐까?
원격근무를 시행하면 회사에 출퇴근 하는 사람과 그렇지 않은
사람 간의 격차나 갈등은 어떻게 해소할 수 있을까?

　　　　물론 혹자는 회사는 일을 하는 곳이지, 친목을 위한 곳이
　　　　아니라고 말할 것이다. 실제로 촬영에 응한 적지 않은
　　　　인터뷰이들이 원격근무의 장점으로 불필요한 사무실 내 잡담과
　　　　감정 소모가 줄어들고, 사내 정치에 개입할 일이 적다는 점을
　　　　들기도 했다. 개인적으로는 회식이 없는 게 정말 만족스러웠다.
　　　　업무 시간에는 일을 하고, 여가 시간에는 회사 바깥에서 인간
　　　　관계를 돈독히 다지거나 내 취미 활동을 오롯이 할 수 있는
　　　　시간이 보장되기 때문이다. 반대로 어느 정도의 친목 도모는
　　　　팀원들의 사기를 증진시키므로 반드시 필요하다는 의견도 있다.

원격근무 시행사에서는 직장 내 인간 관계를 기대하기 어려울
거라는 예상과는 달리, 경영자들을 인터뷰하는 과정에서
채용과 함께 빠지지 않고 등장한 주제가 바로 어떻게 팀워크를
다지는지, 어떻게 원활한 소통 환경을 조성하는지에 대한
이야기였다. 회사는 일을 하는 조직이지 사교 활동을 하는 곳이
아니라고 말하는 경영진도, 팀워크가 업무 생산성에 도움이 되며
따라서 직원들에게 다른 팀원들을 직접 만나 서로를 이해하고
소통하는 기회를 제공해야 한다고 입을 모았다.

그렇다면 과연 원격근무를 시행하는 회사들은 어떻게 팀원 간
원활한 소통과 팀워크를 도모할까? 이 주제에 가장 적극
대처하고 다양한 실험을 하며 그 과정과 결과까지 공개하는
회사, 버퍼의 이야기를 아이슬란드에서 들어볼 수 있었다.

온 가족이 함께 하는 팀 리트릿

+ + +

원격근무를 시행하는 많은 회사들은
팀원들이 실제로 만날 수 있는 기회를
다양한 방법으로 제공한다. 오토매틱
직원들은 전 세계에서 열리는
'워드캠프'에서 서로를 만난다. 팀 단위
미팅은 더 자주 한다. 직원이 워드캠프에
참가할 경우, 또는 팀 전체가 한 도시에
모여 시간을 보내길 원할 경우 오토매틱은
항공편과 숙소에 들어가는 모든 경비를

부담한다. 세계 각지에 사무실을 세우고 유지하는 데 들어갈
경비를 오토매틱은 이런 방식으로 직원들에게 사용한다.
베이스캠프 역시 1년에 한두 차례 시카고 본사에 전 직원이 모여
함께 일하는 시간을 가진다.

소셜 네트워크 서비스 관리 프로그램 개발사 버퍼는 반 년마다
전 직원이 한 도시에 모여 약 열흘 간 함께 일을 하고 친목을
다지는 워크숍 개념의 '팀 리트릿team retreat'을 진행한다.
이제까지 버퍼의 팀 리트릿은 캘리포니아의 레이크 타호,
남아프리카의 케이프타운, 태국의 방콕, 뉴욕과 시드니 등지에서
이뤄졌다.

2015년 7월 버퍼의 여섯 번째 팀 리트릿이 열린 곳은
아이슬란드의 수도, 레이캬비크였다. 아이슬란드의 아름다운
자연을 배경으로 버퍼의 팀 리트릿을 꼭 가까이서 촬영하고
싶었던 차에, 버퍼 팀의 초대를 받아 약 일주일 간 이들과 함께
지내며 아이슬란드 팀 리트릿을 카메라에 담을 수 있었다.

7월의 아이슬란드는 꽤 쌀쌀했다. 한밤중에도 하늘은 도통
어두워질 줄 몰랐다. 아름다운 자연 경관을 그대로 간직한 곳,
하얗고 파란 신비로운 물빛을 자랑하는 블루라군이 있는
아이슬란드를 돌아보며 버퍼가 팀 리트릿 장소를 정말
잘 정했다는 생각이 들었다. 팀 리트릿 장소는 버퍼 직원들의
투표로 결정한다.

세계 각지에서 날아온 직원들이 하나둘 도착했다. 첫날 저녁
식사 자리에서 이들은 돌아가며 저마다 안부를 묻느라 정신이
없었다. 저녁 식사를 마친 후에도 한참 동안 사진을 찍고, 담소를
나누며 회사 동료를 만나 함께 시간을 보내고 있다는 사실에
매우 즐거워했다. 매일 온라인으로 이야기하고 함께 일을 해도,
이렇게 직접 만나 식사도 하고 한자리에서 대화를 나누는 것이

그들에게는 일상이 아니라 특별한 행사이기 때문이다.

다음날 이들을 만난 곳은 레이캬비크 중심가의 한 피시방이었다.
팀 리트릿 기간 중 함께 일할 장소로 인터넷이 빠르고 공간이
넓은 곳을 찾다가 피시방 전체를 빌리기로 했단다. 버퍼
직원들은 여기저기에서 간만에 오프라인에서 이뤄지는 팀별
회의에 매진하고 있었다. 몇몇 팀은 근처 카페를 오가며
회의를 하기도 했다. 사내 공용 게시판으로 사용하는 온라인
메모장에서는 자전거를 타거나, 함께 사진을 찍으러 나가자는 등
여러 여가 활동도 계획하고 공유하고 있었다.

버퍼의 공동 창업자인 조엘 가스코인과 레오 위드리치는 이러한
팀 리트릿이 버퍼 직원 간의 소통에 크게 기여한다고 말한다.
1년에 두 차례 열리는 팀 리트릿을 제외하면, 모든 업무는
원격으로 진행한다. 버퍼는 원격근무를 하는 동안에는 기본 소통
방법으로 팀원들 간 화상채팅을 권장하고 있다.

열흘 간의 팀 리트릿을 통해 서로를 알고 난 후에는 메신저로
대화를 할 때도 마치 상대방의 목소리가 들리는 것 같은 경험을
하죠. 우리는 규칙적으로 오프라인에서 만나 함께 보내는
시간이 필요하다는 것을 깨달았습니다. 그리고 나머지 시간에는
정해진 사무실이 아닌 각자의 공간에서 방해 받지 않고 자유롭게
집중해서 일을 하는 시간을 가지는 거고요. 팀원들과 함께 즐거운
시간을 보내면서도, 원격근무 시행사가 가지는 장점을 그대로
누릴 수 있죠.
가스코인

원격근무는 자신이 맡은 일에 집중해서 효율적으로 업무를
끝내는 데 최적의 방식입니다. 하지만 때때로 모두 모여서 회사의
현재 위치와 방향성, 그리고 목표를 공유하고 팀이 뭉칠 수 있는

계기를 마련하는 것은 여전히 중요해요. 남아프리카, 태국,
아이슬란드 같은 멋진 곳으로 다 함께 여행을 간다는 데에서
그치는 게 아닙니다. 우리에게 있어 팀 리트릿은 집중해서
브레인스토밍을 하고 또 친목을 다지는 기간입니다. 평소에는
못 보는 팀원들이기 때문에, 이 기간 동안 버퍼의 직원들은 매우
적극 소통하고 서로를 조금이라도 더 알고자 노력하죠.
위드리치

버퍼가 다른 원격근무 시행사들과 수많은 디지털 노마드들에게
사랑을 받는 데는 까닭이 있다. 버퍼는 자사의 웹사이트에
회사의 재정 상황부터 정책 변경, 그 외의 아주 사소한
내용들까지 모두 제한 없이 공개하고 있다. 팀 리트릿에 관한
정보도 예외가 없다. 버퍼는 팀 리트릿의 장소와 시기를
결정하는 과정부터 숙소와 비행기 티켓 예약, 직원의 비자
처리 과정과 각 항목별로 유용하게 활용한 소프트웨어, 그리고
웹사이트까지 모두 공개한다.

뿐만 아니라 숙박비, 협업공간 이용비, 항공비, 각종 활동비와
식사 비용에 이르기까지 팀 리트릿에 들어가는 모든 경비를
세부 항목까지 정리해서 공개한다. 아이슬란드 팀 리트릿의 경우
총 15만 2천 달러를 지출했다고 밝히고 있다. 우리 돈으로 약 1억
7천만 원에 해당하는 금액이니만큼, 이윤을 최우선 과제로 삼는
사기업에서 어떻게 이런 일이 가능한지 의문이 들었다. 이에
대해 다음과 같은 대답이 돌아왔다.

일단 우리는 원래대로라면 세계 각지에 있어야 할 사무실이
없습니다. 당장 샌프란시스코만 봐도 현재 버퍼 팀 전체(2015년
당시 40여 명, 2016년 약 90명)를 수용할 수 있는 사무실을
빌린다고 가정했을 때, 사무실 임대 비용만 못해도 매달 3만

**달러에서 5만 달러 정도가 들 겁니다. 하지만 우리는 그 돈을 쓸
필요가 없어요. 사무실 비용에서 절감하는 예산만으로도 충분히
팀 리트릿을 감당하고도 남는 거죠.**

위드리치

물론 회사가 급속도로 성장하고 직원이 늘어나는 것에
맞춰 버퍼의 팀 리트릿 제도 역시 조금씩 바꿔 나가고 있다.
아이슬란드에서 전 직원 회의를 통해 향후 버퍼의 팀 리트릿은
7개월에 한 번씩 진행하는 것으로 변경했다. 버퍼는 앞으로
직원뿐만 아니라 직원들의 가족들까지 모두 초대해 함께 버퍼의
일원으로서 잊지 못할 시간을 보낼 수 있도록 지원할 계획이다.

현재 약 90명에 이르는 버퍼 직원들은 6개 대륙 총 50개가 넘는
도시에 퍼져서 온라인으로 협업하고 있다. 7개월 후, 하와이에서
열린 다음 팀 리트릿에서 버퍼의 직원과 온 가족이 모여 즐거운
시간을 보냈다는 이야기를 전해 들을 수 있었다.

비자 문제가 만들어 낸 원격근무 회사

사실 버퍼는 창립 때는 물론 투자 유치 후에도 원격근무를 크게 염두에 두지 않았다고 한다. 2010년 버퍼가 처음 서비스를 개발했을 당시 조엘 가스코인은 영국 버밍험에, 레오 위드리치는 버밍험에서 기차로 약 30분 거리의 도시에서 살고 있었다. 이 둘은 평일에는 원격으로 협업하고, 주말에 만나 같은 공간에서 일했으며 제품 개발 후에는 투자 유치와 회사의 성장을 위해 샌프란시스코로 떠났다. 그저 막연하게 투자를 유치하면 샌프란시스코에 사무실을 열고, 그곳에서 팀원을 모집해 다 같이 한 공간에 자리 잡고 일을 하지 않을까 생각할 뿐이었다.

그런데 이 막연한 계획에 변수가 생겼다. 미국 비자 때문이었다. 비자 만료 시점이 다가오자 이들은 실리콘밸리의 투자자들로부터 투자를 유치했음에도 불구하고 당장 샌프란시스코에 회사를 설립하고 운영할 수 없었다. 우선은 비자 문제가 해결되기까지 미국을 떠나야 했다. 두 사람은 그 기간 동안 유럽으로 돌아가는 대신 여행을 하며 일을 계속해 나가기로 결심했다. 그 시절을 위드리치는 다음과 같이 회상했다.

어찌어찌 투자는 유치했는데, 비자 문제는 당장 해결할 수가 없었어요. 어떻게 해야할까 고민하고 있었죠. 다시 유럽으로

돌아갈 생각은 없었어요. 우리가 자라온 곳으로 다시 돌아가기
보다는 새로운 경험을 하고 싶었죠. 당시 가장 유명한 IT 분야
미디어 <테크크런치>가 우리의 이야기로 기사를 쓰기도 했어요.
'40만 달러의 투자를 유치한 창업자들이 비자 문제로 미국에서
쫓겨나다'라는 제목으로 나간 그 기사가 꽤 화제가 됐죠.

위드리치

유럽으로 돌아가지 않겠다고 결정한 순간부터 두 사람은
정말 말 그대로 구글 지도를 모니터에 띄워 놓고 어디로 갈지
고민하기 시작했다. 꽤 막막했을 상황에 그들은 낙담하기보다는
오히려 '우리는 어디든 갈 수 있고 어느 곳에서든 팀을
키워 나갈 수 있다'는 사실을 깨달아서 정말 신이 났다고 한다.

**샌프란시스코를 떠나 홍콩에서 6개월간 지내면서 조금씩 팀을
키워 나가기 시작했어요. 그리고 창업자인 우리들이 여행을
하고 있다 보니, 새로 뽑은 직원들도 정해진 한곳에 모이기가
어려웠죠. 그러다가 '우리는 우리가 지금 살고 싶은 곳에서
지내면서 일을 하는데, 우리가 누리는 이 자유를 직원들이 똑같이
누리지 말란 법이 뭐가 있지?'라는 생각에 이르렀습니다.**

가스코인

두 사람은 이스라엘 텔 아비브 등지를 여행하며 꾸준히 회사를
성장시켜 나갔다. 그리고 2013년 두 창업자의 미국 비자 문제가
완전히 해결된 이후 홍콩과 텔 아비브에 등록했던 버퍼의 법인을
미국으로 이전했다. 2년이라는 시간이 지나 마침내 미국에
회사를 설립하는 데 아무 문제가 없는 이 시점에서, 버퍼의
창업자들은 고민에 휩싸였다. 이들은 샌프란시스코에 사무실을
열고 다른 많은 회사들처럼 실리콘밸리에서 성장할 수도, 아니면

지금까지 해 왔던 대로 원격근무를 그대로 시행해 나갈 수도
있었다.

**많은 고민과 토의 끝에 버퍼는 전 직원 원격근무 방침을
고수하기로 결정했습니다. 서비스 특성상 트위터, 페이스북과
같은 다른 소셜 네트워크 서비스사들과의 긴밀한 협업이
필요하기 때문에, 대외 업무가 용이하도록 샌프란시스코에
작은 규모의 사무실을 열었죠. 하지만 이 사무실에 사람이 많이
있는 모습은 보기 드뭅니다. 왜냐면 버퍼 직원의 기본 상태는
바로 원격근무이니까요. 어쩌다 같은 사무실에서 함께 일을
하거나, 같은 커피숍에서 일을 하더라도 모든 팀원들은 메신저로
소통합니다. 그 순간에 같은 공간에 있지 않은 다른 팀원들이
그 대화에서 제외되지 않도록 하기 위해서요.**
가스코인

회사가 성장하자, 가스코인은 원격근무를 시행하고 있는 회사의
경영자를 비롯한 여러 경험자들을 만나 조언을 구했다. 가장
유익했던 충고는 바로 '완전한 원격근무 기업이 되거나, 완전히
원격근무를 하지 않는 것이 그 중간의 어중간한 상태보다
훨씬 더 낫다'는 것이었다. 일부만 원격근무를 시행하는 경우
필연적으로 다른 팀원들이 마치 '2등 시민'이 되어 버리는 현상이
발생하기 쉽기 때문이다.
버퍼의 경영진들이 당시 가장 염두에 두었던 부분이 바로
사무실에 나오는 직원에게 그 어떠한 혜택이 있어서도, 사무실에
나오지 않는 직원에게 그 어떤 불이익이 있어서도 안 된다는
점이었다. 두 사람은 이것이야말로 원격근무 시행을 계획하고
있는 회사가 고려해야 할 가장 중요한 문제라고 강조했다.
버퍼를 비롯한 다른 기업의 경영진들 또한 비슷한 이야기를

했다. 조금씩 차이는 있지만, 외부의 컨설턴트라면 몰라도 같은
회사, 같은 팀 안에서 일부만 원격근무를 하는 방식은 여러
문제를 야기할 수 있음을 지적했다.

회사 내 여러 어젠다나 각종 대화에서 원격근무를 하는 팀원들이
자연스럽게 뒤쳐지거나 배제되는 상황이 발생하는 순간, 그리고
이로 인한 업무 공유나 협업, 소통에 문제가 일어나는 순간,
많은 경영자들이 "역시 원격근무는 불가능한 거였어"라고 지레
단정짓고 더 이상 시도하기를 그만둔다는 것이다. 가스코인은
덧붙였다.

> 많은 경우 회사나 팀의 일부만 원격근무를 시행해 보는 식으로
> 시작하려고 하죠. 제 경험상 이는 거의 불가능해 보입니다. 회사
> 전체, 최소한 한 부서 전체가 원격근무로 업무 방식을 전환하지
> 않는 한은요. 게다가 원격근무에 최적화된 소통 매뉴얼과 협업
> 수단 등이 제대로 마련되지 않은 상태에서 무작정 팀의 일부를
> 실험체로 쓰는 건 회사와 직원 모두에게 좋지 않은 결과를
> 초래하곤 합니다. 때문에 원격근무의 시행은 아무래도 창립
> 단계 혹은 팀을 구성하는 단계부터 이를 차근차근 실행에 옮겨온
> 이들에게 좀 더 용이할 수 있습니다.
> 가스코인

지금까지 나와 있는 수많은 경영 기법들 중에, 아직 원격근무를
시행하는 조직에 대한 이론이나 실제 사례들은 상대적으로 매우
적은 것이 사실이다. 버퍼의 경영진들은 팀 구성 초반에 많은
시간과 노력을 투자하였으며, 원격근무를 시행하는 조직에게
알맞은 여러 경영 기법과 소통 방법을 연구하고 또 이를
직접 실험해 왔다. 이들이 한결같이 아주 사소한 경영 방침을
변경할 때조차도 그 이유와 결과까지 정리해서 공유하는 까닭은

원격근무를 시도하려는 다른 회사들에게 조금이나마 도움을
주고 싶어서이기도 하다.

원격근무는 정말 멋집니다. 원격근무로 한결 채용이 쉬워진
것은 말할 것도 없고요. 원격근무를 시행할 때 걱정하는 것 중의
하나가 바로 시차인데, 우리는 각자 다른 시간대에 일하는 전
세계의 직원들 덕분에 24시간 고객 지원이 가능합니다. 한밤
중에 서비스에 문제가 생겨도 지구 반대편에 있는 버퍼 직원이
이를 재빨리 해결할 수 있죠. 미국에서 우리 서비스를 이용하는
고객과 홍콩에 있는 고객이 동일한 품질의 고객 지원을 빠른
시간 안에 받을 수 있습니다. 다양성 측면에서도 훌륭하죠. 많은
회사가 다양성이라는 가치를 위해 여러 노력을 기울이고 있는
지금, 원격근무를 시행하는 곳은 자연스럽게 다양한 사람들,
다양한 문화권의 사람들과 함께 일하는 경험을 제공합니다.
원격근무의 특성상 국경에 관계없이 사람을 채용한다는 것이
기본 전제로 깔려 있는 경우가 많으니까요.
가스코인

이들의 노력이 빛을 발해 더 많은 기업이 원격근무를
시도할 수 있기를, 그래서 더 많은 성공 사례가 등장하고, 더 많은
이야기들을 공유하고 논의할 수 있기를 바란다.

대한민국에서 원격근무 하는 사람들

국내에서 원격근무 시행사를 찾기 어려운 까닭에, 해외로 눈을 돌린 이들이 있다. 해외의 원격근무 시행사에서 일하면서 주로 한국에 거주하는 두 사람의 이야기를 들어보았다. 인터뷰는 모두 온라인으로 이루어졌다.

신뢰와 소통 그리고 교육의 중요성

서유리(디지털 마케팅 에이전시 근무)

소속된 회사와 부서, 하는 일을 설명해 달라.
버티컬Verticurl이라는 디지털 마케팅 에이전시의 마케팅 부서에서 풀타임으로 일하고 있다. 본사는 싱가포르에 있고, 개발팀은 인도에 있다. 직원들은 세계 곳곳에 퍼져 있다.

한국에서 일하는 동료도 있나?
전체 직원이 500명 정도인데, 한국에서 일하는 직원은 7명 정도다. 한국에 따로 사무실은 없고, 모두가 원격으로 일한다.

이전에도 원격으로 일한 경험이 있나?
이곳이 처음이다. 전에 다니던 회사들은 모두 출퇴근을 요구했다.

처음 원격근무를 할 때 적응하기 힘들지 않았나?

입사 후 첫 주를 한국에 상주하고 있는 팀장님의 자택에서 함께 근무하면서 적응하는 시간을 가졌다. 원격근무를 하려면 적합한 툴(도구)을 적절하게 사용하는 것이 매우 중요하다. 팀장님과 일하는 기간 동안 원격으로 효율적으로 팀원들과 소통하는 법과 업무에 활용하는 여러 툴들의 사용법을 배울 수 있었다.

어떻게 일하는지 좀 더 자세히 이야기해 줄 수 있나?
입사 3년차다. 주로 집과 카페, 그리고 서울 소재의 협업공간에서 일하고 있다.
내가 맡고 있는 업무는 고객사의 마케팅 업무 지원이다. 업무 내용은 주로 B2B 디지털 마케팅 소프트웨어를 이용한 실행 분석과 관리, 그리고 이를 토대로 한 고객사와의 소통이다. 버티컬의 고객사는 대부분 글로벌 회사들이고, IT 산업군이 많다. 주로 개발팀원들과의 소통이 전체 일의 절반을 차지하는데, 인도의 개발팀과는 4시간 정도 시차가 나서 종종 늦은 시간에 일하기도 한다.

원격근무의 장단점은?
내가 편한 곳에서 일할 수 있는 자유가 매우 크다. 덕분에 업무에 쉽게 집중할 수 있어 효율적이다. 출퇴근하는 시간은 물론이고 화장하고 옷 고르고, 회식 같은 데 소요되었던 시간과 노력을 줄이고 완전히 업무에 집중할 수 있다는 게 좋다. 특히 사무실에서 다 같이 일할 때는 불필요하게 사람들과 소통해야만 하는 경우가 많아서 불편했다. 괜한 감정 소모 탓에 피곤한 경우도 있었다. 원격근무를 하면 일할 때 집중할 수 있고, 필요한 이야기만 짧고 효과적으로 할 수 있어서 사회 생활에서 오는 스트레스가 많이 줄었다. 그만큼 가족과 시간을 보낼 수도 있고, 매일 좋아하는 운동을 할 수 있는 여유도 생겼다.
단점이 있다면, 일하는 공간과 생활하는 공간의 분리가 어렵다는 점이다. 출퇴근을 할 땐 사무실을 떠나면 딱 업무가 끝났는데, 지금 같은 경우에는 일과 휴식을 명확하게 구분하기가 어렵다. 그럴 때는 업무 공간을 바꿔서, 집을 나서서 근처의 협업공간이나 카페에서 일을 하기도 한다.

일하며 인상 깊었던 것이 있다면?
얼마 전에 팀 리트릿으로 전
직원이 인도의 고아라는 유명한
휴양지에 모여서 다 같이 시간을
보냈다. 원격으로 소통하던
팀원들을 실제로 만나니 매우
즐거웠다. 부서별, 담당 고객사별로
브레인스토밍을 하는 시간도
가지고, 팀워크를 다지고 신나게
파티도 했다. 이 회사와 오래 함께
하고 싶다는 생각을 다시 한 번
했다.

마지막으로 한마디 부탁한다.
회사는 직원을 신뢰해야 하고,
직원은 자기 통제가 가능해야
원격근무가 가능하다. 사람에
따라 원격근무 환경에 단기간에
적응하기 어려울 수도 있다.
지금까지 일하던 방식에 익숙한
상사의 입장에서는 부하 직원이

눈앞에 있을 때 아무래도
관리하기가 가장 쉽다. 관리자들의
경우 새로운 업무 툴을 다루는 것을
어려워하는 경우도 많다. 그래서
어떻게 소통하고 관리할지에 대한
훈련, 교육이 반드시 필요하다고
생각한다.
버티컬에서는 관리자들을 대상으로
매니징 트레이닝 등 여러 교육을
정기적으로 시행한다. 이런 훈련과
교육이 중요하다. 그리고 그 바탕에
무엇보다 중요한 것이 바로 신뢰,
그리고 팀원 간의 끊임없는
소통이다.
한국의 많은 회사들이 원격근무를
허용하지 않는 이유는, 상사의
입장에서 직원을 쉽게 신뢰하지
못해서라고 생각한다. 기업 문화와
경영진의 경영 철학이 바뀌지
않고서는 아무리 좋은 툴이
있다고 해도 원격근무의 시행은
불가능하지 않을까?

능동적으로 일을 성취하라

금빛누리(뉴스 콘텐츠 플랫폼 근무)

하는 일을 설명해 달라.
미국에 본사가 있는 콘텐츠 어플리케이션 개발사에서 근무하고 있다. 여기에서 일한 지 4년째다. 처음에는 파트타임으로 일을 시작했다. 그래서 그런지 원격근무는 처음이었음에도 큰 부담감은 없었다. 업무 교육이나 지시는 주로 이메일과 스카이프로 주고 받았고, 승진하면서 풀타임으로 전환해 현재 한국 콘텐츠 전략 기획을 전담하고 있다.

어떻게 원격근무 시행사를 찾았나?
미국 현지 기업에서 인턴십을 할 기회가 있었다. 뉴스 프로그램을 제작하는 지역 케이블 방송사에서 아시아 뉴스 담당 인턴으로 6개월 간 근무했는데, 당시 해외 취업에 인맥이 차지하는 비중이 매우 크다는 걸 절감했다. 그래서 만나는 사람마다 최대한 인연의 끈을 놓지 않으려고 인맥 관리와 네트워킹에

많은 노력을 쏟았다. 인턴십이 끝나고 한국에 돌아왔는데, 마침 인턴십을 했던 회사 동료의 소개로 지금의 회사와 면접을 볼 수 있었다.

면접 과정을 이야기해 줄 수 있나?
해당 회사에서 서비스하는 콘텐츠 어플리케이션을 활용하는 실무 테스트와 스카이프 면접을 거쳤다. 해외의 많은 나라, 특히 미국 같은 경우 스카이프를 이용한 원거리 화상 면접이 매우 보편화되어 있다. 굳이 면접을 위해 비행기를 타고 이동할 필요가 없다.

언제, 어디에서, 어떻게 일하고 있는가?
풀타임 근무지만 업무 시간은 매우 유동적이다. 업무 시작이나 종료 시간 같은 건 따로 정해져 있지 않고, 일주일에 35시간만 일하면 된다. 업무 내용과 필요에 따라 스스로 직접 스케줄을 관리할 수 있다는 점이 좋다. 내 경우는 보통 아침 출근길에 한국의 이용자들이 자사의 콘텐츠를 받아볼 수 있도록 오전 7시에서 8시 사이에 업무를 시작한다. 오전에 세 시간 정도

일하고 나서 유동적으로 시간을 활용할 수 있다. 사람이 없는 한적한 시간대에 여유롭게 운동을 하거나 개인 업무를 보기도 한다. 팀 미팅은 주로 화상 회의나 단체 채팅으로 진행하는데, 미국 시차에 맞춰서 새벽 2시에 일하는 경우도 있다. 그 밖에 커뮤니케이션에는 힙챗Hipchat이라는 기업 전용 메신저를 주로 이용하고, 파일 공유는 구글 드라이브를 사용한다. 협업 툴로는 에버노트와 이메일, 팀 회의에는 줌Zoom을 사용한다.

원격근무의 장단점은 무엇인가?
우선 출퇴근에 전혀 에너지를 쓸 필요가 없다. 특히 회식, 사내 정치 같은 업무 외의 불필요한 일들, 소모적인 인간 관계 같은 비효율적인 부분을 아예 신경쓸 필요가 없다는 점이 개인적으로 가장 크게 꼽는 장점이다. 이 시간을 자기계발, 취미 생활, 다른 흥미로운 프로젝트에 쓸 수 있다는 점이 만족스럽다. 또 언제든 가고 싶은 곳이 있을 때 자유롭게 이동할 수 있다는 점도 큰 장점이다. 인터넷 사용만 가능하면 어디서든

일할 수 있다. 지난 여름은 유럽에서 보냈는데 시차 때문에 한밤중에 일해야 했지만, 여행과 일을 병행할 수 있다는 점이 참 좋았다. 분명 한국의 업무 방식으로 일하는 주변의 다른 회사를 다니는 지인들과 비교했을 때 소속감이 덜한 것은 사실이다. 그러나 회사 이외에 내가 좋아하는 다른 커뮤니티 활동에 참여할 여유가 있다는 점이 좋다.
힘든 점을 꼽자면 생활과 업무의 분리가 잘 되지 않는다는 점을 들 수 있다. 업무 시간이 끝나도 일이 완전히 끝났다는 느낌이 잘 안 든다고나 할까? 또 시간을 유동적으로 사용할 수 있다고 해도 나 역시 직장인인데, 지인과 가족들에게 때때로 내 업무 시간을 존중 받지 못한다는 생각이 들 때도 있다.
내 시간을 유동적으로 설계하고 스스로 원하는 시간, 장소에서 일할 수 있다는 점은 물론 좋지만, 동시에 그만큼 성과에 대한 책임을 짊어져야만 하는 부담도 있다. 정기적으로 국가별 성과를 보고하고, 철저히 성과 위주로

판단하기 때문에 압박을 느낄 때가 있다. 내가 언제, 어디에서 일하든 회사는 전혀 신경 쓰지 않지만 성과에는 매우 신경을 쓰기 때문이다.

한국에서도 원격근무가 가능할까?
주 5일 근무에 매일 같은 시간 출퇴근을 하는 기존의 업무 방식은 시간이 갈수록 한국에서도 줄어들 수밖에 없다고 생각한다. 지금은 내가 일하는 방식이 한국에서 아직 생소하겠지만, 이런 변화가 전 세계적으로 일어나는 추세이니만큼, 이에 더 익숙해지고 보다 적극 대비할 필요가 있다. 기존의 방식에만 얽매여 남들이 하는 대로 수동적으로만 움직인다면, 갈수록 커리어를 쌓기 어려워지고 쏟는 노력에 비해 얻을 수 있는 것은 대폭 줄어들 것이다.

원격근무 시행사에서 일하고 싶은 사람들에게 한마디
좀 더 유연하고 생산적인 기업 문화를 가진 곳에서 일하고 싶다면, 관심 분야의 신생 회사 중에서도 한국 시장을 확장하려고 하는 곳에 먼저 문을 두드리기를 추천한다. 내가 지금 일하고 있는 회사는 한국 콘텐츠 관리 분야에 공석이 있었음에도 따로 채용 공고를 내지 않은 상태였다. 지인의 소개로 바로 인터뷰 기회를 잡아 면접을 볼 수 있었다. 혹시라도 해당 회사가 한국에 아직 서비스를 시작하지 않았다 해도 먼저 관심을 표현한 사람에게 기회가 돌아갈 수밖에 없다.

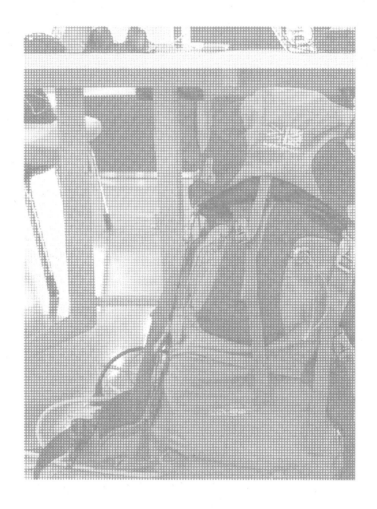

혼자 또는 함께, 행복을 찾아 떠난 사람들

앞에서 우리는 원격근무 시행사의 경영자들에게 기업 차원에서
원격근무를 시행하는 이유를 들어 보았다. 기업 경영자들은
인재 채용과 업무 효율, 고정 비용 절감 등을 장점으로 들었다.
그렇다면 원격근무로 일하고 있는 디지털 노마드 개개인들의
생각은 어떠할까? 이들은 왜, 어떻게 이런 방식으로 일하고, 살게
되었을까?

    이번 장에서는 다양한 모양새로 살고 있는 여러 사람들에게
디지털 노마드의 삶은 어떠한지, 원격근무 이후 달라진 삶의
모습과 일과 생활의 균형, 그리고 가계 지출과 소비 형태의
변화 등에 대한 이야기를 들어 보았다. 모든 인터뷰와 촬영은
2015년에 이루어졌다.

끝없는 신혼여행을 떠난 노마드 부부

노마드의 삶은 관광객과는 완전히 다릅니다.
우리에게 여행은 휴가가 아니라, 매일의 일상이에요.
손드라 오로즈코Sondra Orozco (업워크 시니어 매니저)
제레미 오로즈코Jeremy Orozco (작가 & 사업가)

+ + +

손드라와 제레미, 이들 노마드 부부를 처음 만난 건 한 디지털
노마드 미트업에서였다. 다큐멘터리 기획 단계에서 리서치를
위해 찾아간 이곳에서 손드라는 내 다큐멘터리 기획을 듣고
나만큼이나 신난 표정으로 도와줄 일이 있으면 언제든지
말하라고 했다. 디지털 노마드 부부라는 테마로 이들을 줄곧
염두에 두고 있던 나는 몇 달 후, 다시 한 번 손드라와 제레미를
만나러 태국 치앙마이로 향했다.

손드라는 세계 최대 규모의 프리랜스 플랫폼인
'업워크Upwork'의 마케팅 부서에서 선임 매니저로 근무하고
있고, 제레미는 전직 소방관 출신으로 지금은 본인의 의학서적을
집필하고 있다. 두 사람 모두 샌프란시스코에서 나고 자랐기
때문에, 자연스럽게 인터뷰는 실리콘밸리 이야기로 시작되었다.

고향
실리콘밸리를
떠나 + + +

우리는 실리콘밸리에서
나고 자랐기 때문에, 항상
그곳을 떠나고 싶었어요. 수많은 사람들이 계속 그곳에 와서
살고 싶어하는 것과는 완전 정반대였죠. 그래서 우리는 결혼 후에
샌프란시스코를 떠나 산타크루즈로 이사했어요.

손드라

지금 샌프란시스코의 주거비를 보면 이건 정말 말도 안 돼요.
별로 좋지도 않은 동네의 평균 월세가 3천 달러를 훌쩍 넘습니다.
침실 하나가 딸린 아주 작은 집의 가격이 그래요. 살기 좋은
동네의 경우 5천 달러가 넘을 겁니다. 우리가 지금 여기 태국에서
월 7백 달러도 안 되는 가격으로 머물고 있는 집에 비해 전혀
살기 좋은 곳이 아닌데도 말이죠. 세입자가 나가고 새로운
세입자가 들어올 때마다 끊임없이 가격이 뛰어요.

제레미

페이스북이 주식 상장을 위해 기업 공개IPO를 했던 바로 그때,
샌프란시스코의 거주민들은 도시 전체의 집값이 갑자기 껑충
뛰는 걸 지켜보았다. 잘 나가는 기업이 주식 상장을 할 때마다
갑자기 백만장자들이 생겨났고, 그때마다 도시 전체의 집값이
훌쩍 뛰는 일이 반복됐다. 제레미의 어머니는 웨이트리스로
일하면서 샌프란시스코에 집을 마련했다고 한다. 하지만 현재,
보통 사람들의 임금으로는 샌프란시스코의 월세조차 감당하지
못하는 상황이다.

대학생들은 부모님과 함께 살거나, 누군가가 개조해서
내놓은 창고에서 지내는 신세를 면하기 힘든 상황까지 왔죠.
미션Mission은 샌프란시스코의 전형적인 힙스터 동네가
됐는데, 예전이면 한 달에 2백이나 3백 달러면 빌렸을 창고
한 칸이 지금은 스타트업들의 사무실로 변해서 임대료만 매달
몇 천 달러씩 해요.

제레미

물론 실리콘밸리가 첨단 정보 기술 산업의 중심지가 되면서,

이곳에서 일어나는 수많은 혁신이 벌어들이는 경제적인 이득을
절대 무시할 수는 없다고 제레미는 말했다. 그러나 동시에,
현지 거주민들이 자꾸만 밀려나는 이 현실에서 실리콘밸리로의
집중화는 양날의 칼이라는 이야기도 빼놓지 않았다. 주거비
상승과 젠트리피케이션으로 인한 피해는 현지 거주민뿐만
아니라 이제는 회사들까지 압박하고 있다. 많은 회사들이
재택근무와 원격근무 도입을 대안으로 내놓기 시작했고
손드라의 회사 역시 그 중 하나였다.

동료들의 지원으로 원격근무를 실험하다

+ + +

손드라가 일하는 업워크는
다양한 분야의 프리랜서와
프리랜서를 필요로 하는
개인과 기업들을 연결해
주는 온라인 플랫폼으로, 실리콘밸리에 본사가 있다. 업워크는
주 1회 재택근무를 시행하고 있는데, 손드라가 회사에서 두 시간
거리의 산타크루즈로 이사를 가면서 문제가 시작되었다.

**산타크루즈는 작은 해변 도시인데, 특히 서핑을 즐기는
사람들에게는 천국 같은 곳이죠. 문제는 이곳으로 이사를
가면서 출퇴근에만 하루에 몇 시간씩 걸렸다는 거예요. 매일**

출퇴근하는 일이 너무 힘들어서, 상사와 이야기 해서 일주일에 하루였던 재택근무를 이틀로 늘릴 수 있었어요. 그러다 이틀이 어느덧 사흘이 되고, 나흘이 되고, 결국에는 닷새가 된 거죠. 그러던 어느 날, 제가 농담처럼 지나가는 말로 상사에게 이런 말을 했어요. 산타크루즈에서도 아무 문제 없이 일을 할 수 있는 거면, 여행을 다니면서도 일을 할 수 있을 것 같다고 말이에요. 놀랍게도 상사는 거기에 동의했고, 다른 팀원들도 정말 협조적이었어요. 제가 대표로 이 회사가 해볼 수 있는 멋진 일들을 실험하게 된 거죠.

손드라

손드라가 완전히 원격근무로 전환할 수 있었던 데에는 업워크의 철학이 한 몫 했다. 업워크는 약 1천 2백만 명이 넘는 프리랜서들이 등록된 세계 최대의 프리랜스 플랫폼이다. 회사의 비즈니스부터가 국경에 제한 없이 전 세계의 사람들이 온라인으로 협업하는 것을 지원하는 일이니만큼 자사 직원들의 업무 유연성에도 많은 관심을 쏟는다. 덕분에 손드라의 원격근무 역시 가능할 수 있었다.

이런 전환 과정이 마냥 쉽지만은 않았어요. 하루 이틀 천천히 원격으로 일하는 시간을 늘리면서 제 자신을 증명할 수 있게끔 더 열심히 일하기도 했고요. 내가 팀원들과 같은 장소에 있지 않아도, 별다른 차이 없이 똑같이 업무를 잘 해낼 수 있다는 걸 보여 줘야 했어요. 틀림없이 평소보다 더 노력이 필요했죠.

손드라

업무뿐만 아니라, 사무실에 없어도 팀원들과 항상 이야기를 나누고 관계를 유지하려는 노력 역시 필요했다. 어디서든 팀원들과 끊김없이 소통하기 위해 인터넷은 가장 필수 요소였고, 이를 위해 손드라와 제레미는 어디를 가든 도착해서 가장 먼저 인터넷 연결을 확인한다. 혹시라도 인터넷 연결 상태가 좋지 않아 화상통화가 불가능할 때는 즉시 팀원들에게 이를 알리고, 비상시를 대비해 언제든지 핫스팟으로 인터넷을 사용할 수 있도록 스마트폰의 데이터 요금제도 가입해 둔다.

목적지에 도착하는 날 가장 먼저 현지에서 심카드를 구매합니다. 그리고 인터넷을 사용할 수 있도록 요금제에 가입하죠. 머물 곳을 임대할 때 가장 중요한 기준 중 하나도 바로 인터넷 속도입니다. 빠른 인터넷 환경을 갖춘 근처의 협업공간을 알아 두는 것도 도움이 되죠.

제레미

손드라는 팀의 지원으로 재택근무에서 원격근무까지 천천히 단계별로 시도할 수 있었던 운이 좋은 케이스였다. 무엇보다 서두르지 않고 하루씩 재택근무를 늘려 나가며 자신과 팀원 모두 충분히 새로운 방식에 적응할 수 있도록 노력을 기울인 것이 원격근무 전환에 큰 도움이 되었다. 사무실로 출퇴근하는 기존의 업무 방식에 익숙한 사람들은 때로 원격근무에 적응하기까지 많은 시행착오를 겪을 수 있다. 자신에게 적합한 업무 환경을 스스로 찾고, 업무 진행에 필요한 도구의 사용법을 익히는 시간이 필요한 경우도 있기 때문이다.

조직 차원에서도 기술적, 제도적인 지원, 그리고 원격근무에 적합한 기업 문화 정착과 같은 준비가 필요하다. 손드라는 동료들의 지지가 큰 힘이 되었지만, 그렇지 않은 조직의 경우 원격근무를 하는 직원들과 그렇지 않은 직원들 사이에 소통 문제가 생기기도 한다. 때문에 원격근무 시행사의 경영자들은

채용 시점부터 원격근무에 적합한 인재를 찾는 데 많은 시간과
노력을 기울인다.

또 다른 프리랜스 중개 플랫폼 클라우드핍스CloudPeeps의
공동 창업자이자 CEO인 케이트 켄달Kate Kendall은 기존에
일하던 방식에서 원격근무로 전환할 경우, 당사자가 적극적으로
자신에게 적합한 업무 환경을 찾아 나서고 조성할 의지가 있어야
한다고 강조한다.

**원격근무 시행사의 경영자들은 자율적이고, 스스로 동기부여가
가능하며, 자신이 원격근무에 적합한 사람인지 이미 아는
사람들을 채용하려고 많이 노력하죠. 우리 회사뿐만 아니라
많은 원격근무 시행사들이 정식 채용 전에 상당한 시간을 들여
수습 기간을 가지곤 합니다. 특히 전통적인 방식으로 일을 하던
사람에게 원격근무로의 전환은 때로는 정말 어려울 수도 있어요.
제 경우에는 완전히 원격근무에 적응하기까지 거의 6개월이
걸렸던 것 같아요. 스스로 동기부여를 하는 법을 배우기까지 어느
정도의 적응 기간이 필요합니다. 그리고 어떤 사람들에겐 이게
정말 힘든 고비가 될 수도 있어요.**
케이트 켄달

원격근무로의 전환이 모든 이에게 마냥 쉬운 것만은 아니다.
그러나 한 번 원격근무를 경험하면, 다시는 출퇴근 하는 예전의
방식으로 돌아가기 어렵다는 것 역시 디지털 노마드들이
하나같이 입을 모아 이야기하는 부분이기도 하다. 버퍼에서
콘텐츠 관리자로 일하는 코트니 세이터Courtney Seiter는
원격근무에 적응하는 과정에서 겪는 여러 시행착오들을 충분히
감수할 만큼 원격근무의 장점이 많다고 이야기한다.

일상에서 통근이 사라지면서, 저는 이 시간을 제 남편과 보내고 있어요. 제 남편도 원격으로 근무하거든요. 우리는 아침에 서둘러 출근 준비를 하는 대신 커피를 함께 마시며 하루에 대해 이야기를 나누죠. 부모님이나 친척들과 함께하는 시간도 늘어났고, 친구들과의 모임이나 생일파티도 이제는 놓치지 않아요. 버퍼에서 일하기 전에는 항상 사무실로 출퇴근해야 했거든요. 이런 변화들에 대해 정말 감사하게 생각하고 있어요. 어쩌다 퇴근한 친구들과 모임이 생겼을 때, 그러니까 오후 5시나 6시에 나가야 할 때가 있죠. 그럴 때 저는 교통체증과 대중교통에 갇힌 제 자신을 보며 "도대체 무슨 일이 일어나고 있는거야?"라고 경악하곤 해요. 출근을 안 한 지 오래 되어서, 출퇴근하는 많은 사람들이 있고, 그들에게는 이게 정상이라는 걸 완전히 잊어버리곤 하는 거예요.

코트니 세이터

코트니의 남편은 상당히 좋은 조건으로 한 회사와 일할 기회가 있었는데, 그 회사에서 출퇴근을 요구했다고 한다. 꽤 마음에 드는 좋은 조건이었기 때문에 그는 한동안 이 회사에 출퇴근하며 일했지만, 얼마 못 가서 그만두고 다시 원격으로 일할 수 있는 직장으로 돌아왔다.

남편과 저는 원격근무를 통해 가질 수 있는 자유, 그리고 스스로 업무 일정을 짜고 최대한 생산적으로 일을 하는 경험을 아주 소중하게 생각하고 있거든요. 때로는 여행을 하기도 하고, 함께 즐거운 시간을 보내기도 하고요. 행복한 삶을 즐기면서 일도 잘할 수 있다는 사실이 참 멋지다고 생각해요.

코트니 세이터

손드라 역시 다시 예전처럼 출퇴근하며 사무실에서 일하던
때로 돌아가고 싶지 않았던 만큼, 더 열심히 일했다고 말했다.
재택근무를 하면서도 무리 없이 업무를 잘해 나갈 수 있다는
것을 증명했고 좋은 성과를 낼 수 있었다. 이렇게 얻은 성과야
말로 자신이 회사에서 원격근무를 승인 받을 수 있었던 이유 중
하나일 거라는 말도 덧붙였다. 기업은 결국 성과로 직원들을
평가하기 때문이다. 손드라는 스스로의 능력을 갈고 닦는 게
무엇보다 중요하다고 강조했다.

**시간이 가면 갈수록 앞으로 일은 전적으로 개개인의 능력에
집중될 거예요. 지구 반대편에 있는 업무에 적합한 능력을
가진 사람이 실제로 사무실에 오지 않고도 당장 내일부터 일을
시작할 수 있을 테니까요. 지금 당신이 하고 있는 일을 훨씬 더
잘 할 수 있는 사람이 말이에요.**

손드라

노마드의
삶은
관광객과는
다르다

+ + +

친구들은 이들 부부를
'끝없는 신혼여행을
즐기는 부부'라고
부른다. 태국에서의 촬영
이후로도 인도네시아 발리, 미국 시카고 등지에서 이들 부부를

만날 수 있었다. 촬영을 하는 1년간 네 번 정도 각각 다른
도시에서 만났으니, 한국의 친구들보다도 더 자주 만난 셈이다.
가장 최근 시카고에서 만났을 때, 두 사람은 태어나고 자란
미국 내에도 가보지 못한 곳이 너무 많다며 막 미국 일주를
시작한 참이었다. 전 세계를 누비면서 일하며 살고 있지만,
샌프란시스코에서 살던 때보다 지금이 훨씬 생활비 지출이
적다고 손드라는 말했다.

**미국 내에서도 샌프란시스코의 주거비가 워낙 비싸다보니
우선 주거비에서 많이 절약이 되고요, 또 자가용을 처분하면서
차량 유지비와 보험비를 더 이상 걱정 안 하게 된 것도 커요.
샌프란시스코에서는 제가 친구와 차 한잔 하러 나가면,
차 두 잔에 스콘 하나만 시켜도 30달러 정도가 순식간에
지갑에서 나가곤 했죠.**
손드라

세계 각지에서 지낸다고는 하지만, 배낭여행자처럼 계속
떠도는 것은 아니다. 몇 달 이상 한곳에 장기간 머무르는 경우가
대부분이다. 두 사람은 다른 직장인들과 마찬가지로 하루의 많은
시간은 대부분 일을 하면서 보낸다. 가구와 생활용품 등이 잘
갖추어진 숙소에서 지내고 하루 일과를 마치면 요리도 하는 등
관광이 아닌 매일매일의 일상 그 자체를 즐긴다. 그러다 문밖을
나서면 늘 새로운 도시가 펼쳐진다. 여가 시간에 이렇게 지구
구석구석을 누비며 새로운 것들을 즐기고 있는데도 생활비
부담은 오히려 적다.

**아직도 많은 사람들이 여행은 무조건 비싸고 사치스러운
것이라고 인식하는 것 같아요. 호화 리조트에서 지낸다든가 하는**

것들 말이에요. 노마드의 삶은 관광객과는 완전히 다릅니다.
물론 당신이 1년에 한 번 딱 2주짜리 해외여행을 간다면 비싼
호텔에 머물면서 휴식을 취하고 관광을 하겠죠. 그건 삶이 아니라
휴가예요. 우리에게는 이게 여름 휴가가 아닌 매일의 일상인
거고요.

제레미

지금의 생활에서 힘든 부분은 없느냐는 질문에 손드라가 답했다.

머무는 곳에 따라서 시차가 있기 때문에 때로는 정말 말도 안 되는
시간대에 업무를 보곤 해요. 아시아에 있을 때 유럽이나 미국에 있는
팀원들과 협력하는 일은 정말 어렵죠. 발리에 있을 때는 매일 저녁
늦게 일을 시작해서 다음 날 새벽 4시까지 일을 하기도 했어요.

손드라

그럼에도 불구하고 두 사람은 많은 사람들이 가능하다면 이런
삶을 꼭 시도해 보길 추천하고 싶다고 했다.

특히 커플이라면 더 그렇죠. 디지털 노마드로 사는 많은 사람들이
겪는 또 다른 어려움이 바로 외로움이에요. 친구를 사귀어도 여행자
친구라면 얼마 되지 않아 작별인사를 해야 하죠. 그들에게는 이게
여행이지 삶이 아니에요. 여행자들은 다음 목적지, 그 다음 목적지,
그리고 마지막은 자신의 집, 자신의 일상으로 돌아가거든요.
그런데 파트너와 함께할 때는 아무래도 외로움으로 인한 어려움이
많이 줄어들어요. 함께 많은 시간을 보내면서 세계 구석구석의 온갖
아름다운 것들을 누릴 수 있어요.

제레미

물론 모두가 새로운 장소와 경험을 좋아하지는 않을 것이다.
손드라와 제이미가 선택한 삶의 방식이 더 행복하다고
이야기할 수도 없다. 그러나 아무런 선택도, 고민도 없이 한 공간,
한 도시에서 머무를 때 우리는 그 바깥의 삶은 알 길이 없다.
나는 고즈넉하고 평화로운 시골마을을 좋아하는 사람인가?
아니면 시끌벅적 화려한 대도시에서의 삶을 즐기는 사람인가?
열대기후의 뜨거운 햇살과 바다를 사랑하는 사람도 있겠지만,
똑같은 공간이 누군가에게는 너무 덥고 습한 날씨로 다가와
하루도 견디기 힘들 수도 있다. 날씨, 문화, 예술, 음식, 자연,
종교 등 어떤 것이 나의 일상에, 그리고 나의 행복에 더 중요한
요소인지, 어떤 영향을 미치는지 경험해 보지 않으면 알 수
없다. 디지털 노마드 가운데에는 자신이 좋아하는 몇 개의
도시를 근거지 삼아 계절마다 주기적으로 옮겨 다니며 생활하는
사람도 있다. 나 역시 마지막으로 추운 겨울을 경험한 지가
꽤 오래되었다. 날씨가 내 행복에 아주 크게 영향을 미친다는
사실을 알게 되었기 때문이다. 아이들이 방학을 맞는 여름에는
아름다운 휴양지에서 생활하다가 학기가 시작되면 도시로
이동하는 이들도 있다. 모든 사람에게 여행이 단지 휴식이나
모험, 또는 일탈인 것은 아니다. 철새가 이동하듯 어떤 이들에게
여행은 보다 나은 삶, 조금 더 행복한 장소를 찾아가는
여정이기도 하다.

몇십 년 뒤, 은퇴 이후에나 할 수 있는
것들을 생각하는 걸로 시간을 낭비하고
싶지 않아요.
셰인 러슬Shane Reustle
(프리랜서 개발자 & 소프트웨어 컨설턴트)

지금 이 순간, 몰입하는 삶

+ + +

셰인은 뉴욕 출신의 프리랜서 개발자로, 보통 디지털 노마드라고
하면 사람들이 가장 먼저 떠올리는 '젊고, 미혼에, 이런저런
얽매인 것 없이 자유롭게 여행을 하며 사는 개발자' 이미지
그대로의 노마드다. 그는 여러 회사와 일하고 있는데, 셰인과
진행했던 프로젝트에 만족한 클라이언트들의 입소문으로 지금은
자신의 일을 도와주는 직원을 채용해서 에이전시를 차릴 정도로
고객이 몰려들고 있다. 의뢰 받은 프로젝트 사이사이 짬이
날 때는 이곳저곳을 탐험하며 취미로 여행 사진을 찍어 자신의
웹사이트에 올리거나, 개인 프로젝트에 몰두하곤 한다.

전 20대, 30대, 그리고 40대를 책상 앞에 앉은 채로 보내고
싶지 않아요. 다음 1년 동안 내가 가질 수 있는 고작 몇 주 정도의
휴가를 기다리거나, 몇십 년 뒤, 은퇴 이후에나 할 수 있는
것들을 생각하는 걸로 시간을 낭비하고 싶지도 않고요. 아주
오랜 시간 뒤에 내가 누릴 수 있는 것들을 상상하고, 그게 지금의

**이 시간들을 모두 보상할 수 있을 만큼 멋질 거라고 스스로에게
되뇌면서 매일 같은 시간, 같은 곳에서 같은 일을 하는 건 정말
아니라고 생각했어요.**

몰입과
번아웃

+ + +

셰인도 그렇고
내 주변에는 특히
IT 업계 사람들, 그중에도 개발자나 디자이너가 상당히 많다.
이들과 일을 주제로 대화할 때면 늘 빠지지 않고 나오는 단어가
있는데, 바로 '몰입zone'이다. 일에 완전히 집중해서 생산성이
최고조인 상태를 보통 'in the zone', 즉 '몰입한다'고 이야기
한다. 몰입은 원격근무 시행사의 경영자들이 거듭 강조하는
'효율성'과도 연결된다. 셰인 역시 인터뷰 중에 몰입과 생산성,
일의 효율에 대해 많은 이야기를 했다.

제가 노마드로 살고 있는 가장 큰 이유 중 하나가 바로 높은
생산성이에요. 매일 정해진 시간에 정해진 책상에 억지로 앉아
있을 때는 분명히 일을 시작해야 하는 시간인데도 불구하고
집중하기 어려울 때가 많았죠. 일에 집중할 준비가 안 되어
있는데도 어떻게든 일을 시작해야만 했어요. 주변 직장인들에게
완전히 업무에 몰두해서 일하는 시간이 하루에 얼마나 되냐고
물어보면, 많은 이들이 두 시간, 세 시간 정도라고 말하곤 합니다.
말 그대로 회의를 위한 회의가 끊임없이 이어지는 경우도
다반사죠. 이런 식으로 몰입 상태를 유지할 수가 없으니 많은
사람들이 업무 시간에 페이스북을 보고, 온라인 커뮤니티를
둘러보면서 시간을 보내잖아요? 분명 훨씬 더 효율적으로 일을
해낼 방법이 있는데 왜 굳이 늘 하던대로 사람들을 억지로 사무실
책상에 앉아 있도록 강제해야 하는 걸까요?

유독 개발자들이 혼자서 아무런 방해 없이 완전히
프로그래밍에만 집중할 수 있는 시간, '몰입'에 매우 민감한
것처럼 보일 수도 있다. 하지만 현대 사회에서는 프로그래밍뿐만
아니라 점점 더 많은 일이 단순 반복 노동이 아닌, 고도의
집중력을 요하는 지식 노동의 형태로 변해 가고 있다. 스스로
학습하는 단계까지 발전한 인공 지능, 자동화, 그리고 알파고
같은 이야기들이 화제가 되고 있는 지금, 아직 기계가 할 수 없는
인간의 고유 영역 안에 있는 대부분의 업무들은 아주 섬세하거나
혹은 고도의 집중력을 필요로 한다. 그렇지 않은 업무라면
언제든 빠른 미래에 기계로 대체될 가능성이 크다.
물론 언제나 그렇듯 더 많은 자유에는 더 많은 책임이 뒤따른다.
일하는 장소와 시간을 선택하고 환경을 조성하는 것이 온전히
개인에게 달린 만큼, 디지털 노마드에게 업무에 최적화된 환경을

찾는 일은 매우 중요하다.

디지털 노마드라고 하면 대부분 웹사이트에서 흔히 볼 수 있는 해변가에서 노트북을 들고 있는 모습 같은 걸 떠올리곤 합니다. 말도 안 되고, 전혀 사실과 달라요. 제대로 일하는 사람이라면 매일 해변가에서 시간을 보내는 일 같은 건 절대 불가능합니다. 반드시 일하기 좋고 집중할 수 있는 환경을 만드는 걸 우선순위에 두어야 하죠.

촬영 당시 셰인은 발리의 한 빌라를 임대해 지내면서 그곳에서 대부분의 업무를 처리하고 있었다. 장기간 거주할 숙소를 정할 때 그가 가장 중요하게 생각하는 것은 빠른 인터넷망과 업무에 적합한 책걸상, 그리고 스탠딩 데스크의 유무다. 자신에게 맞는 업무 환경을 직접 선택하는 것과 마찬가지로, 일하는 시간도 전적으로 스스로의 선택에 달려 있다. 그리고 이러한 업무 자율성은 곧 효율과 직결된다.

지금 제 하루 일과는 이래요. 엄격하게 정해진 업무 시작 시간 같은 건 없습니다. 원할 때에 일어나서 여유롭게 아침 식사를 즐기고, 10시, 11시 즈음에 일을 시작하죠. 친구를 만나거나 할 때는 두 시간씩 점심을 먹으며 이야기를 나누기도 합니다. 오전, 오후 다른 카페, 다른 도시에서 일을 할 때도 있고요. 이런 상황에서는 번아웃이 찾아올래야 올 수가 없죠.

몇 년 이상의 직장 생활을 한 사람이라면 누구나 한 번쯤 번아웃 증후군Burnout syndrome을 의심해 본 적이 있을 것이다. 입사 초기의 열정은 사라지고, 출근이 힘겹게 느껴지며 일에 집중하기 어렵고 극도의 스트레스와 무력감에 빠지는 번아웃 증후군은

심지어 자신이 좋아하는 일을 직업으로 삼더라도 완전히 피하기
어렵다. 더욱이 매일 같은 시간, 같은 장소에 정해진 시간 동안
책상 앞에 앉아 있어야 하는 상황에서, 사람은 얼마나 오랜
시간 창의적이고 동기부여가 가능한 상태를 지속할 수 있을까?
아무리 맡은 업무가 정말 재미있고, 회사가 개발하는 제품이나
서비스가 멋지다고 해도, 로봇이 아닌 이상 매일 9시부터
6시까지 집중력을 발휘하며 창의적인 상태로 일하기란 거의
불가능에 가깝다.

**디지털 노마드는 그 정반대의 방식으로 일합니다. 내가 가장
생산적인 환경과 시간대를 스스로 찾아갈 수 있고, 자신이
발견한 그 최적의 환경을 스스로 구현할 수 있죠. 집중할 수 있는
상황에서 사람은 훨씬 더 많은 일을 처리해 낼 수 있습니다.
집중할 수 있을 때 집중하고, 여가 시간에는 아름다운 세상
구석구석을 탐험하며 새로운 영감을 얻을 수 있어요. 내게 주어진
시간을 내 삶에 맞춰서 직접 최적화하는 겁니다. 저는 사무실에서
일했을 때와 비교해서 지금 더 적은 시간으로도 훨씬 더 많은
일을 해내고 있습니다.**

한국은 OECD 국가 중 최장에 가까운 노동시간을 자랑한다.
반복 되는 야근 때문에 정시 퇴근을 의미하는 '칼퇴근'이라는
단어가 따로 생겼을 정도다. 그러나 긴 시간 일하는 것에 비해
생산성 통계에서는 항상 최하위권을 벗어나지 못한다. 이런
아이러니한 상황에서 직장인들이 흔히 겪는 정신적 고충이
바로 이 '번아웃'이다. 개인의 자율성이나 개개인의 차이를
고려하기보다는 조직원 전체에게 획일화된 규율을 강제하고
통솔을 우선하는 한국 기업 문화와 업무 방식은 직원 개개인의
생산성과 행복도를 저해할 뿐만 아니라 장기적으로는 번아웃을

초래할 수밖에 없다.

　　국내의 한 언론 매체에서 본 최근의 기사 제목은 '살고 싶어서
퇴사합니다'였다. 취업난으로 다들 비명을 지르고 있는 지금도,
대졸 신입사원의 1년 내 조기 퇴사율은 2016년 28퍼센트로
2012년 23.6퍼센트에서 계속 상승하고 있다. 취업의 기쁨도
잠시, 한국의 많은 근로자들이 몇 년도 채 지나지 않아 만성
피로에 시달리고, 끝없는 야근에 피곤하다는 말을 입버릇처럼
달고 사는 현실. 힘들게 들어간 회사를 견디다 못해 그만두고
여행을 떠나는 지인들을 나도 무척이나 많이 봐 왔다.
물론 조직에는 정해진 규칙이 있고, 이 규칙을 준수하는 것은
중요하다. 그러나 그 규칙은 이윤 창출이라는 기업의 궁극적인
목적(공공기관의 경우 공공성 증대)을 달성하기 위한 시스템에
불과하다. 강제된 장시간의 노동이 결코 효율성을 보장하지는
않는다. 오히려 이러한 '저녁이 없는 삶'이 근로자 개개인에게
가져오는 고충들은 기업의 입장에서도 전혀 도움될 게 없다.
번아웃은 단지 일에 집중하지 못하는 데서 그치는 것이 아니라,
많은 경우 직장을 그만두는 원인이 되고, 이는 결국 고용주와
피고용인 모두에게 손해를 끼치기 때문이다. 조직의 입장에서도
직원의 번아웃을 최대한 방지할 수 있는, 신뢰를 바탕으로 한
개개인의 자율성 존중이 전혀 손해 보는 계산이 아닐 것이다.

디지털
노마드와
미니멀리즘

+ + +

셰인은 내 주변의 디지털
노마드 중에서도 손꼽힐
정도로 자주 그리고
끊임없이 여행을 하는
편이다. 못해도 한 곳에 몇 달, 길게는 몇 년도 머무르는 다른
많은 노마드들과는 달리 셰인은 친구를 만나러, 가족을 만나러,
연인을 만나러, 재미있는 행사가 있어서, 또는 그저 여행을 하고
싶어서 구석구석 자주 옮겨 다닌다. 그 탓인지 그는 눈에 띄게
소지한 물품이 극히 적은 미니멀리스트이기도 하다.

미니멀리즘에 관해서는 여러 논의가 있지만, 이전 세대들이
집과 자동차를 비롯한 각종 물건들에 소비했던 재화와 시간을
경험에 투자한다는 측면에서 특히 밀레니얼 세대, 그리고 디지털
노마드와 떼려야 뗄 수 없는 화두이기도 하다. 당연하게도, 짐이
많으면 많을수록 이동은 어렵고 괴롭고 또 비싸진다.

셰인은 미니멀리스트로 살아 보는 경험이 상당수 디지털
노마드들에게 필수적이라고 말한다. 누구든 이동을 시작하는
순간, 매우 빠른 시간 안에 자신이 얼마나 말도 안 되는 양의
물건들을 짊어지고 이동하는지 깨닫기 때문이다. 여행을 하면
할수록 자신에게 반드시 필요한 것들이 무엇인지, 세계 어디서든
구할 수 있어 굳이 들고 다니지 않아도 되는 것은 무엇인지
생각할 수밖에 없다. 셰인의 경우 노트북과 옷, 그리고 카메라를
반드시 필요한 물건으로 꼽았다. 미니멀리스트로 사는 경험은
한곳에 정착해 지낼 때에도 소비 습관에 많은 영향을 끼친다.

**사실 제가 살아가는 데에는 그리 많은 것들이 필요하지 않습니다.
저는 6개월마다 모든 소지품을 바닥에 내려놓고, '지난 6개월
동안 별로 사용하지 않은 것이 무엇인지' 스스로 묻곤 해요.
없어도 되는 것들과, 언젠가 필요하겠지만 현지에서 쉽게 구할 수
있는 물건들은 들고 다닐 필요가 없죠.**

셰인 또한 예전에는 새로운 카메라가 나오거나, 새로운 무언가가
출시될 때마다 끊임없이 물건을 사 모았던 경험이 있다. 하지만
그 시간과 노력, 돈을 새로운 것을 보고 듣고 배우고 또 사람들과
만나는 데 돌리는 순간 정말로 자신에게 필요한 물건은 사실 몇
개 되지 않는다는 걸 깨달았다.

**전 세계적으로 소비지상주의는 걷잡을 수 없이 퍼지고 있습니다.
저는 이 점을 모두가 이미 잘 알고 있다고 생각해요. 다만 여기에
맞서 싸우는 것이 매우 어려울 뿐인 거죠.**

미니멀리즘은 셰인 같은 디지털 노마드뿐만 아니라, 일부
유럽 국가와 북미, 그리고 일본 사회에서도 크게 각광받고
있는 생활 방식이다. 대지진 이후 일본에서는 미니멀리스트로
살아가는 사람이 늘어나며 미디어의 주목을 받았다. 자연 재해로
갑작스럽게 모든 것을 잃어버리는 상황을 겪어야 했던 사람들은
이후 삶의 의미, 소유의 의미를 다시 생각하기 시작했다.
유럽에서도 물질 만능의 소비지상주의에서 벗어나 대안적인
삶을 추구하는 사람들이 늘어났다. 소비 추구와 경기 팽창으로
화려했던 20세기가 저물고, 새로운 세대의 새로운 가치 추구가
시작된 것이다.

그리고 이 지점에서 다시 한번, 디지털 노마드의 삶이 단지

일하는 방식의 전환에서 그치는 게 아니라는 사실을 깨달을 수
있다. 셰인이 디지털 노마드로 살아가는 이유는 단순히 일의
효율과 시간의 자유뿐만이 아니라, 자신이 삶에서 중요하다고
생각하는 가치를 지향하기 위해서이기도 하다. 그는 미래보다
현재에 초점을 맞추고, 물질보다는 경험을 중시하며 지금
이 순간의 행복을 충실히 좇고 있다.

전
세계에

어딜 가든 전 세계에 제 친구들이 있어요.
에이미 쯔엉Amy Truong
(깃허브 품질관리 부서 근무)

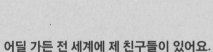

퍼져
있는
친구들

+ + +

다큐멘터리를 촬영하면서 만난 인터뷰이들은 물론,
온오프라인에서 만난 많은 사람들에게 '디지털 노마드로
살아가는 어려움'을 물어보았다. 처음 예상한 답변들은 시차나
팀원 간 소통 같은 원격근무 환경에서 주로 예상할 수 있는
고충들이었다. 물론 이 역시 종종 등장한 답변들이었지만,
예상과 달리 상당히 많은 수의 사람들이 진지하게 토로하는
문제는 바로 연애, 친구, 외로움 같은 이야기들이었다.

　　　지금까지와는 분명히 다른 업무 방식, 삶의 방식이기 때문에
　　　디지털 노마드로 살아가는 많은 사람들은 기존의 사회 통념에
　　　익숙한 가족, 연인, 친구들과의 관계에서 많은 갈등과 고민을
　　　마주하기도 한다.

한 온라인 커뮤니티에서 만난 에이미는 특히 '관계'에 대한 많은
이야기를 들려주었다. 우리는 실제로 만나기 전부터 계속해서
온라인으로 연락을 주고 받았고, 방콕, 샌프란시스코, 제주도에
이르기까지 일정이 겹칠 때마다 오프라인에서도 꾸준히 만나는
친구가 되었다.

고향과 가족을 떠나

+ + +

에이미가 일하고 있는 회사는
깃허브Github로, 개발자들이 버전 관리와
협업을 위해 사용하는 깃git* 저장소 중 가장
잘 알려진 곳이다. 깃허브는 개발자들의
온라인 협업 도구 겸 커뮤니티이자, 오픈소스
프로젝트 저장소를 제공한다. 개발자들의
꿈의 직장으로 널리 알려져 있는 깃허브에서
에이미는 프로그램을 테스트하고 서비스의
품질을 관리하는 품질관리부서에서 근무하고
있다. 깃허브의 본사는 샌프란시스코에 있는데, 희망자에
한해 원격근무가 가능하다. 에이미는 평소 샌프란시스코에서
지내면서 깃허브 사무실로 출퇴근하기도 하고, 여행을 할 때는
원격근무를 하는 등 정착과 여행 사이를 오가며 유연하게 디지털
노마드로 살아가고 있다.

    2015년 한 해 동안 에이미가 머무르거나 방문한 곳은 회사가
있는 미국 샌프란시스코 외에도 태국, 하와이, 에콰도르, 대만,
덴마크, 네덜란드, 두바이, 모로코 등지에 이른다. 풀타임으로
일하면서도 에이미는 여가 시간에 꾸준히 세계 곳곳을 누비며,
자신이 운영하는 여행 블로그에도 활발하게 글을 올리고 있다.

*   깃은 리누스 토르발즈(Linus Torvalds)가 2005년 처음 개발한 오픈소스 소프트웨어로, 개발자들이 소프트웨어를 개발할 때 누가 어떤 코드를 수정했는지 기록하고 추적할 수 있는 분산형 버전 관리 시스템(DVCS)이다.

**대학을 졸업하고 워싱턴DC의 한 컨설팅 회사에서 일했습니다.
머리부터 발끝까지 정장을 입고 출퇴근을 해야 하는 전형적인**

다국적 대기업이었죠. 그러다 좀 더 여행을 하며 자유롭게
살고 싶다는 생각이 들었어요. 그 생각이 들자마자 가장 먼저
원격근무를 시행하는 회사를 찾아봤습니다. 전 제 커리어 유지도
중요하게 생각하고, 또 불안정한 수입에 의존해서 살고 싶지도
않거든요. 어떻게든 돈을 아껴가며 아슬아슬하게 여행하는 건
제가 선호하는 선택지가 아니기도 하고요.

에이미는 믹스드 인 키Mixed in Key라는 디제잉 소프트웨어를
만드는 회사에서 첫 원격근무를 시작했다. 그 회사에서 일과
여행을 병행하는 경험을 해본 뒤, 그 다음 이직한 곳이 바로
깃허브다. 깃허브에는 약 3백여 명의 직원이 일하고 있으며,
그중 절반 이상이 원격으로 근무하고 있다고 한다. 샌프란시스코
본사는 모든 직원에게 항상 열려 있기 때문에, 원격근무를 하는
직원도 언제든지 사무실에 들러서 일할 수 있다. 샌프란시스코에
살고 있는 직원들도 사무실 출퇴근은 필수가 아닌 선택
사항이다.

**샌프란시스코에 살고 있다고 하더라도, 집에서 일을 하든
카페에서 일을 하든 아무도 신경 쓰지 않습니다. 어디서든
일을 할 수 있는 세상이니까요. 갓 깃허브에 합류해서 일을
시작했을 때, 8명의 팀원들 중에 제가 유일하게 샌프란시스코에
머물고 있는 사람이란 걸 알고 깜짝 놀란 적이 있어요. 캐나다,
유럽, 뉴질랜드, 호주 등 전 세계에 퍼져 있는 팀원들이
온라인으로 제게 '함께 같은 팀에서 일하게 돼서 기쁘다'고 환영
인사를 보내왔죠.**

만날 때마다 한결같이 즐겁고 행복해 보이는 에이미였지만,
처음에는 사회에서 생각하는 '일반적인 삶'과 자신의 삶 간의

차이 때문에 고민이 많았다고 한다. 많은 사람들과 다르게
살아가는 자신에게 어떤 문제라도 있는 것인지, 혹은 자신의
선택이 잘못된 것인지 확신이 들지 않던 순간도 있었다. 부모님
또한 처음에는 걱정을 많이 하시곤 했단다.

에이미와의 인터뷰 중 마침 에이미의 집을 방문한 그의 아버지
딘 쯔엉과도 대화를 나눌 수 있었다. 몇 년 째 원격근무를
하며 세계를 누비는 에이미를 그의 부모님은 어떻게 생각할지
궁금했다.

**한 5년 전까지만 해도 전 항상 에이미가 남들과 마찬가지로
전형적이고 전통적인 방식으로 살아가길 바랐어요. 정착해서
결혼하고, 아이도 낳고요. 하지만 지금은 생각이 좀 바뀌었죠.
이제는 무엇이든 에이미를 행복하게 해줄 수 있는 거라면 다
좋다고 생각해요. 뭐든지요. 그동안 저는 자신의 부모님을
만족시키는 것이 인생의 목표이자 전부인 사람들을 참 많이도
봐 왔습니다. 대부분 그 사람들은 부모님이 돌아가시고 난 후에는
완전히 길을 잃어버리더군요. 자신의 인생을 다시 돌아보면서
내가 지금까지 도대체 뭘 한 건지, 내가 마음만 먹었다면 할 수
있었던 것들은 또 어떤 것들이 있었는지 후회하는 모습을 많이
봤어요. 저는 에이미가 그렇게 되지 않길 바랍니다.**

딘 쯔엉

이렇게 담담하게 이야기한 아버지도 인터뷰 후에 에이미가
두바이와 모로코로 여행을 떠날 계획이라고 밝히자 걱정하는
기색을 숨기지 못했다. 그곳에 친구는 있는지, 치안은 어떤지
계속해서 묻는 에이미의 아버지를 보니 부모님의 마음은 역시
어쩔 수 없나 보구나, 하는 생각이 들었다. 에이미 역시 아버지의
걱정을 알기에 여전히 종종 고민에 휩싸인다고 한다.

저 역시 때때로 지금의 제 삶의 방식에 확신을 가지지 못할 때가 있어요. 과연 10년, 20년 뒤에도 내가 계속 이렇게 살 수 있을까? 물론 언제든지 제가 원한다면 원격근무나 노마드의 삶을 그만두고 전통적인 방식으로 일을 하면서 살 수도 있겠죠. 한곳에 정착해서, 집을 마련하고, 결혼하고, 아이를 가지고, 그렇게 제 남은 생애를 모두 보낼 수도 있겠죠. 그런데 과연 그런 전형적인 '아메리칸 드림'이 저를 행복하게 만들지는 모르겠어요.

관계 맺기의 어려움 + + +

인간은 누구나 주변과 다양한 형태의 관계를 맺으며 살아간다. 누군가가 다른 지역으로 한 번 이동하면 평생 이별이라고 생각했던 옛 시절과 다르게, 지금은 도시 간의 이동이 훨씬 쉽고 화상통화로 지구 반대편에 있는 사람과도 얼굴을 보며 이야기할 수 있는 시대이다. 그럼에도 불구하고 여전히 사람은 타인을 만나고 교감하고 소통하는 행위에서 행복을 느끼고 마음의 안식을 얻는다. 때문에 가족의 이해를 구했다 해도, 여전히 디지털 노마드에게 관계의 어려움은 남아 있다. 특히 친구나 연인과 같은 보다 깊이 있는 관계를 추구할 때 그 어려움은 더욱 커진다. 버퍼의 운영부장 루돌프 듀텔Rodolphe

Dutel은 다큐멘터리 인터뷰에서 이렇게 말했다.

> 일과 여행을 병행하는 삶에서 가장 까다로운 것 중 하나는 바로
> 사람들과의 관계에요. 버퍼에서 근무하면서 저는 1년 중 절반
> 이상을 여행을 하며 보내고, 나머지 절반은 프랑스 파리에서
> 지냅니다. 그리고 파리에서든 어디서든 사람들을 만날 때 제가
> 항상 말하게 되는 한 문장이 있죠. '전 곧 다른 곳으로 떠날
> 예정이에요.' 한곳에 계속 머물러 있는 사람들에 비해, 저 같은
> 이동 패턴을 가지고 있는 경우에는 사람들과 관계를 유지하는
> 일이 상당히 어렵죠.
>
> 루돌프 듀텔

특히 연애 문제는 노마드들의 대화에 항상 빠지지 않고 등장하는
주제다. 인터뷰이 중 몇몇은 원격근무로 일과 여행을 병행하면서
기존의 연인과 헤어졌다는 이야기를 털어놓기도 했다. 연인
관계에서 한 명이 원격근무를 하고 다른 한 명은 그렇지
않을 경우, 어쩔 수 없이 삶의 방식에서 오는 차이가 생기고
이를 극복하기가 꽤 힘들다는 이야기도 있었다. 또 전 세계를
여행하며 생활하다 보니 고국의 친구들과 나눌 수 있는 공통
화제나 관심사가 사라질 때가 많다는 어려움을 토로하기도 했다.
에이미 역시 이런 상황을 여러 번 겪어 왔다.

> 주변 친구들이 항상 제게 하는 말이 '에이미, 누군가와 진지하게
> 연애를 하려면 한 곳에 어느 정도 이상 반드시 머물러야만
> 해'예요. 이건 일종의 딜레마 같아요. 이동의 자유와 새로운
> 것들을 발견하는 기쁨, 그리고 인간 관계 사이의 딜레마요.
> 세계를 마음껏 돌아다닐 때도 사람은 여전히 다른 사람들과의
> 교류를 원하니까요.

아이러니한 것은 디지털 노마드로 살아갈 때 겪는 어려움 중
하나로 '인간 관계'를 꼽은 에이미에게, 디지털 노마드로 사는
가장 큰 장점 역시 '인간 관계'라는 점이다. 그는 세계 곳곳에
친구가 있다는 게 얼마나 즐거운 일인지 끊임없이 이야기했다.
나아가 지금 자신의 삶의 방식 덕분에 더욱 관계의 소중함을
깨닫고, 어떤 관계에는 훨씬 집중할 수도 있다는 이야기도
덧붙였다.

**제가 워싱턴DC에 살 때는 한 도시에 살고 있는 친구들끼리도
자주 만나기가 힘들었어요. 각자 일이 바쁘고, 마음만 먹으면
언제든 만날 수 있는 거리에 살고 있기 때문에 오히려 그
사실이 더 관계를 유지하려는 노력을 소홀하게 만든 것 같아요.
언제든 만날 수 있기 때문에, 미뤄두고 만나지 않았던 거죠.
반대로 노마드 친구들은 같은 도시에 머무를 때는 아무리 일이
바쁘더라도 어떻게 해서든 시간을 내서 만나게 되더라고요.
우선순위로 놓는 거죠.**

에이미는 활발한 온라인 커뮤니티 활동으로 타지에서 느끼는
외로움을 달래고 있기도 하다.

**많은 디지털 노마드들이 외로움, 인간 관계 같은 부분에서
딜레마에 빠지는 걸 자주 보곤 합니다. 가고 싶은 곳에 가고,
살고 싶은 곳에서 사는 자유를 누릴 때에도 여전히 다른 사람이
필요하거든요. 타지에서 아플 때, 아니면 정말 힘든 하루를
보냈을 때는 특히 친구와 가족들이 나를 생각해 주고 또 챙겨주길
바라잖아요. 제 경우에는 그걸 여러 가지 방법으로 극복하고
있어요. 때로는 외로움을 즐길 수 있게까지 되었고요. 그렇지**

않을 때는 트위터, 페이스북, 노마드 온라인 커뮤니티 사이트를
재빨리 켜서 사람들과 대화를 나눕니다. '다들 어디 있어? 보고
싶어!'라고 하면 즉각 전 세계에서 제 친구들의 소식을 들을 수
있죠. '나도 지금 이 도시에 있어, 어서 만나자!' 아니면, '곧 네가
있는 그 도시로 갈 예정이야, 빨리 만나자!' 이렇게요. 어딜 가든
전 세계에 제 친구들이 있으니까요. 이건 노마드 간의 우정에서
정말 최고로 좋은 점이에요.

에이미는 각종 메신저와 화상통화를 이용해 항상 친구, 가족들과
꾸준히 연락하며 관계를 유지한다. 그래도 가족들이 보고 싶고,
오랜 친구들이 그리울 때면 언제든 거리낌 없이 가족이 있는
워싱턴DC로 간다고 했다. 유연한 이동의 자유야말로 디지털
노마드가 누릴 수 있는 장점이기 때문이다. 또한 자신의 삶을
잘 이해하는 다른 노마드 친구들과 언제 어디에 있든 거리에
상관 없이 이야기를 나누고 정신적 지원을 받을 수 있다는 점이
자신에게 큰 힘이 된다고도 했다.

에이미가 느끼는 고민, 불안, 그리고 외로움은 비단 디지털
노마드뿐만 아니라 우리 모두가 가지고 있는 고민이다. 그리고
그 고민들을 해소하기 위한 노력들 역시 노마드가 아닌 사람들과
전혀 다를 게 없다. 에이미는 지인들에게 고민을 상담하고, 때론
위로 받고 위로하며 서로 의지하고 소통한다. 이 인터뷰 이후
하와이로 주거지를 옮긴 에이미는 지금도 틈날 때마다 세계
곳곳을 여행하고 있다.

에이미 외에도 다큐멘터리 제작 과정에서 만난 다른 노마드들의
소식이 지금도 종종 들려온다. 그중에는 같은 생활 방식을
공유하는 사람을 만나 관계가 진전된 이도 있고, 교제를
시작하면서 출퇴근하며 일하던 상대방이 원격근무가 가능한
곳으로 이직을 한 경우도 있다. 또 연인을 위해 이동 패턴을

이전보다 현격히 느리게 조정한 사람도 있다. 어떤 이들은 커뮤니티 활동을 하거나 여행 그룹에서 새로운 친구를 만나기도 하고, 현지 봉사활동에 힘을 쏟으며 보람을 느끼고 새로운 관계를 맺기도 한다. 자신이 태어나고 자란 곳을 벗어나 이들은 또 다른 형태로 전 지구적인 인적 네트워크를 쌓아 올리고 있다. 앞으로 시간이 지나면서 점점 더 많은 사람들이 어떤 식으로 각자의 해답을 찾아낼지 궁금하다.

은퇴까지
기다릴
필요
없잖아요

디지털 노마드로 사는 건 시간에 대한 개념
자체를 바꾸어 놓죠.
리 로센Lee Rosen (변호사)
리사 로센Lisa Rosen (작가)

+ + +

다큐멘터리를 제작하면서 가장 고민했던 부분 중 하나가 바로
'다양성'이었다. 아직까지는 원격근무와 디지털 노마드의 삶이
보편적이라고는 할 수 없는 새로운 것이기에 분명 한계가 있을
테지만, 세계를 넘나들고, 국경을 뛰어넘는 이야기를 다루고
있는 만큼 최대한 국적과 성별, 연령과 직업군까지 다양한
이야기를 아우르고 싶었다.

　　한 노마드 커뮤니티에서 로센 부부의 이야기를 듣자마자,
　　'이 사람들은 반드시 만나야 해!'라고 외친 데에는 이런 이유도
　　있었다. 온라인 커뮤니티라는 특성상 젊은 층이 많았던 이곳에
　　나이 지긋한 부부가 등장한 것이 반가웠고, 또 그들의 이야기를
　　듣고 싶었다. 더욱이 미국 노스캐롤라이나에서 몇십 년이나
　　운영하던 자신의 법률 사무소에 단계적으로 원격근무를
　　도입하며 오랜 준비 기간을 거쳐 노마드가 되었다는 점이 인상
　　깊었다. 이야기를 듣자마자 이들 부부에게 연락을 시도했고,
　　마침 일정이 맞아 독일 베를린에서 로센 부부를 만날 수 있었다.

장기 거주 중인 로센 부부의 에어비앤비에 도착했을 때, 이 부부는 주말에 점심을 먹으러 기차를 타고 이웃나라인 폴란드에 다녀올 계획을 세우고 있었다. 깔끔한 아파트의 한쪽 편 책상에는 리사의 노트북이, 거실 책상에는 리의 노트북이 각각 놓여 있었다.

법조인도
노마드로
살 수
있어요

리와 리사 부부는 여러 해에 걸쳐 디지털 노마드로 살아가려는 계획을 세우고 준비해 왔다. 리는 노스캐롤라이나에 소재한 본인의 법률 사무소를 차근차근 원격근무가 가능한 회사로 바꾸었다. 두 사람은 자녀들을 독립시키고, 집과 차와 각종 살림살이를 몇 년에 걸쳐 천천히 처분한 후, 지금은 몇 년째 집 없이 세계를 누비며 여행과 일을 병행하고 있다.

잡지에서 항상 그런 기사들을 보곤 했습니다. 열심히 일해서

자금을 모은 다음, 은퇴 후에 생활비가 저렴하거나 좀 더 살기
좋은 환경의 나라로 떠나서 여생을 보내는 사람들의 이야기요.
그때 우리가 생각할 수 있는 다른 곳에서의 삶은 항상 은퇴
후에나 가능한 일이었습니다. 왜냐면 그 당시엔 원격으로 일을
할 수 없었으니까요. 하지만 지금은 얼마든지 원격으로도 일할 수
있는 환경이 마련됐어요. 그래서 우리 부부 역시 디지털 노마드로
살아가자고 생각한 겁니다.
리

부부는 은퇴 후 노년을 맞이해서야 여행을 다니고, 삶을
누린다는 기존의 관행에 의문을 던졌다. 그들 세대의 또래
대부분은 일평생 한곳에서 시간을 보내며 열심히 일만 하다가,
연금을 받을 때에서야 새로운 삶이 가능하다고 생각한다. 하지만
두 사람은 은퇴까지 기다리지 않아도, 원격근무로 충분히 그들이
사는 도시 밖으로 나갈 수 있다는 것을 깨닫고, 이를 시도해
보기로 결심했다. 마침 둘째 아들이 한발 앞서 디지털 노마드로
살고 있었다. 두 사람은 둘째 아들에게 여러 가지 조언을 받으며
오랜 시간에 걸쳐 차근 차근 준비했다.

우리 부부가 노마드로 사는 데 걸림돌이 된 가장 큰 장애물은
바로 제 일이었죠. 리사는 작가여서 크게 문제될 게 없지만,
저는 노스캐롤라이나에서 변호사로 일하며 오랜 기간 제 법률
사무소를 운영해 왔습니다. 고객들을 만나 이야기를 나눌 일도
많고, 오랜 시간 함께 일해 온 직원들까지 있었으니까요.
리

리가 자신의 법률 사무소를 홍콩의 협업공간이나 지금
머물고 있는 베를린의 에어비앤비에서도 예전처럼 운영할 수

있도록 바꾸기까지, 정말 많은 시간과 노력이 필요했다. 리는
프리랜서도 아니었고, 원격근무를 시행하는 기업에서 일을 하는
것도 아니었다. 한 지역에서 오랜 시간 자신의 사업을 운영해 온
전문직 자영업자로서 그가 자신의 회사를 원격근무 시행사로
전환했다는 사실이 그저 놀라운 따름이었다.

디지털 노마드로 살기로 마음 먹은 후 그가 가장 먼저 한 일은
함께 일하는 40여 명의 변호사와 직원들을 한 명씩 만나
설득하는 일이었다. '원격근무를 도입하겠다는 소식에 과연
기뻐하지 않을 직원이 있을까?'라고 생각했던 내 예상과는 달리,
상당수의 직원들이 리의 제안에 난색을 표했다고 한다.

**객관적으로 봤을 때, 그리고 지금 이 사회 변화와 경제 구조를
봤을 때, 사실 원격근무는 두 번 생각해 볼 필요도 없이 당연한
흐름이죠. 하지만 사람들은 자신이 처한 상황을 좀 더 감정적으로
받아들이는 경향이 있고, 많은 이들이 자신이 시도해 보지
않은 낯선 것, 새로운 변화는 본능적으로 종종 좋지 않은
것으로 받아들입니다. 자신의 직장이 주는 여러 가치들 가운데
'안정성'을 최우선으로 생각하는 사람들은 당연히 이 같은 변화에
불안감을 느낄 수밖에 없었을 겁니다. 그래서 저는 천천히 바꿔
나가자고 생각했어요.**

리

리는 직원들을 설득하는 한편 점진적으로 조직 구조를 전환하는
방식을 택했다. 오랜 시간 출퇴근을 하고 정해진 장소에서
일하는 데 익숙해진 직원들이 새로운 근무 방식에 불안감을
덜 수 있게끔 적응하는 시간이 필요했다.

끝없는 미팅의 연속이었습니다. 제가 매일매일 사무실에 얼굴을

**내비치지 않아도, 모든 것이 이전처럼 잘 돌아갈 거라는 확신을
주어야 했죠.**

리

많은 논의와 설득 끝에 그는 노스캐롤라이나의 사무실에
상주하는 직원을 40여 명에서 10여 명으로 축소하고, 반드시
현장에서만 가능한 업무들을 이 상주 직원들에게 집중시켰다.
여러 교육도 이어졌다. 온라인 협업을 돕는 각종 소프트웨어를
설치하는 법, 화상채팅 프로그램 이용법, 다양한 웹 도구
사용법을 교육하고 실험했다. 상근직을 제외하고 원격근무가
가능한 직군 중 상당 부분을 프리랜서와 계약해 아웃소싱으로
대체하고, 프로젝트 단위로 성과에 따라 임금을 지급하기
시작했다. 이 과정에서 리는 이미 다양한 형태로 노마드로 살고
있는 프리랜서 법조인들을 만나 함께 일할 수 있었다. 모든 업무
구조 전환이 끝난 후에도 리는 바로 원격근무를 시작하는 대신,
2년 가량을 현장에 머무르며 직원들과 함께 호흡을 맞추는
시간을 가졌다. 직원들이 이러한 변화에 적응할 수 있도록 시범
운영을 하는 시간이었다.

시간의 개념을 바꾸어 놓다

+ + +

이 모든 건 하루아침에 일어난 일이
아니에요. 하나하나 모든 과정을 단계별로
거쳐야 했죠. 리는 오랜 시간에 걸쳐서
회사 직원들이 이런 변화에 적응하고
편하게 느낄 수 있도록 노력했어요. 또
우리는 아이들이 모두 자라서 고등학교를 졸업하고 집을 떠나는
것도 지켜봤죠. 그 다음으로 한 일은 우리가 가진 그 어마어마한
물건들, 온갖 잡동사니와 차, 그리고 마지막으로는 집을 처분하는
일이었어요.

리사

리와 리사는 자신들이 소지한 수많은 물건들을 처분하면서
한편으로는 충격을, 다른 한편으로는 이루 말할 수 없는
해방감을 느꼈다고 회상했다.

**제가 가장 충격을 받았던 건 우리가 버리고 있는 이 모든 것들,
내 삶에 하등 쓸모가 없는 것들을 얻기 위해 인생의 수많은
시간을 허비했다는 겁니다.**

리

지구상에 존재하는 '내 소유물'이라고 할 수 있는 것들 중 정말
내게 필요한 물건은 과연 몇 퍼센트나 될까? 그리고 그 나머지

소유물이 내 삶에 끼치는 영향력은 또 어느 정도일까?
나 역시 1년여의 서울 생활을 마무리할 때, '언젠가는 다
쓸 데가 있겠지'라고 생각하며 각종 살림살이와 옷들, 추억이
서린 잡동사니들을 모두 짐 보관 서비스 업체의 창고에 쌓아
놓고 나갔다. 그 후 몇 년이 흘렀지만, 창고 속 짐을 다시 꺼낼
일은 거의 없었다. 그 짐들은 오로지 내 마음 속에서, 그야말로
짐짝처럼 머물러 있곤 했다. 결국 나는 한 번 한국에 들러 마음
먹고 짐을 몽땅 처리하기로 했다.

창고에서 배달된 물건들을 바닥에 늘어놓고 보니 한 편의
지옥도가 따로 없었다. 한 번에 깔끔하게 처리할 수 있는 방안이
없을까 궁리하다가, 벼룩시장을 열기로 했다. 하루 날을 잡아
여러 지인들을 초대해 벼룩시장을 열었다. 그렇게 하고도 남은
짐들은 기부 센터에 전화 한 통으로 바로 기증할 수 있었다.

짐을 정리하면서 가장 많이 했던 생각이 바로 '이 많은 것들을
도대체 내가 왜 사 모았을까?'였다. 당시에는 분명 필요하다고
생각해서 샀던 것일 텐데 지금 보고 있으니 도무지 아무짝에도
쓸모가 없는 것들이니 이 얼마나 불가사의한가. 아무 자각 없이
물건을 쌓아 둘 공간이 사라지자 물건 하나를 살 때도 순간의
만족을 위해서가 아닌, 내게 꼭 필요한 물건들이 무엇인지
구분할 수 있었다.

현재 내 소유물은 여행가방 세 개가 전부다. 이 중 두 개는 한국의
창고에 있는데, 어쩌다 겨울에 한국에서 머무를 경우를 대비한
겨울 옷가지들과 추억이 담긴 편지 같은 것들이 들어 있다. 들고
다니는 여행가방 하나에는 내게 꼭 필요한, 항상 나와 함께하는
소지품이 들어 있다.

우리는 '언제 어디서든 필요할 때 조달할 수 있고, 조달할 때
그다지 많은 시간과 노력이 들어가지 않는 것은 지금 바로

처분한다'는 규칙을 세웠습니다. 기부하고, 팔고, 버리고, 사진이나 서류 같은 것들은 모두 디지털화해서 클라우드에 올려 두었죠. 제 나이도 있고, 주변을 정리하는 일은 결국 언젠가는 누구나 해야 하는 거잖아요?

리사

홀가분한 마음으로 물건들을 처분하면서, 리사는 지금까지 왜 그토록 많은 시간과 돈을 쇼핑에 투자했는지 그제서야 깨달을 수 있었다고 한다.

매일매일 똑같은 일상을 보낼 땐, 새로운 물건을 사는 게 마치 하나의 엔터테인먼트였던 거죠. 아이 용품을 둘러보고, 쇼핑하는 그 모든 것들은 사실 정말 필요해서가 아니라, 일종의 오락이었던 거예요. 하지만 지금은 우리가 머물고 있는 이곳에서 베를린 장벽이 멀지 않고, 이 도시에는 수많은 박물관들이 있죠. 그리고 이번 주말에 우리는 점심을 먹으러 기차를 타고 폴란드로 갈 거예요! 이렇게 새롭고 더 재미있는 일들이 많은데, 쇼핑에 시간을 쓸 이유가 없죠.

리사

심지어 우리는 지금 홈리스예요. 여행가방 하나씩만 들고 움직이고 있죠. 하지만 필요한 모든 것을 가지고 있어요. 젊은 시절 그 오랜 시간을 저는 가지고 싶은 것들을 생각하고, 찾고, 욕망하고, 그걸 사기 위한 돈을 마련하려고 또 오랜 시간 일을 했어요. 지금은, 처분한 모든 것 중 그 어느 것도 그립지가 않아요. 생각할수록 참 신기한 일이죠.

리

상상해 보자. 내가 만약 매일 출퇴근하는 도시가 아닌, 늘 가 보고
싶었던 새롭고 낯선 도시에서 주말을 보낸다면, 소파에 앉아
텔레비전을 보거나 스마트폰으로 게임을 하는 대신 새로운
거리를 걷고, 새로운 음식을 먹고 새로운 사람들을 만나 보고
싶지 않을까?

나이를 먹을 수록 시간이 빨리 지나간다고들 말한다.
어릴 적에는 모든 것이 새롭고 낯설다. 모든 것이 처음 해보는
것들이기에 볼 것, 배울 것, 경험할 것들이 많아 하루가 천천히
흐를 수밖에 없다.

**매일매일 일과가 정해져 있고, 일상이 똑같을 때 시간은 쏜살같이
지나갈 수밖에 없죠. 똑같은 장소에서 일어나 똑같은 곳으로
출근해서 똑같은 곳에서 일하고, 집에 돌아와서는 저녁을 먹고,
텔레비전을 보다 잠드는 삶이니까요. 하지만 지금은 달라요.
새로운 장소에서 눈을 뜨고, 맛있는 아침 식사를 내놓는 새로운
카페를 발견하고, 일하고 싶은 곳에서 일을 하고, 오후에는 또
뭔가 새로운 일이 일어날 겁니다. 그러다 저녁 시간에는 생전
처음 가 보는 동네의 거리를 걷고, 맛있는 아이스크림 가게도
발견해요. 아, 정말 하루가 갑자기 몇 주, 몇 달처럼 느껴질
겁니다. 시간에 대한 개념 자체를 바꾸어 놓죠. 그리고 우리처럼
이렇게 나이를 먹어갈수록, 사람이 간절하게 원하게 되는 건 바로
더 많은 시간이랍니다.**

리

나중의 행복을 위해 현재를 희생하기보다는, 지금 자신이 살고
있는 이 시간을 행복하게 만들고 싶다는 이 부부. 혹시 가족들과
친지들이 보고 싶지는 않은지, 이들과의 관계는 어떻게 지속하고
있는지 궁금했다.

많은 사람들이 디지털 노마드는 한곳에 정착하기보다는
여기저기 옮겨다니며 살아가기 때문에, 주변 사람들이나
사랑하는 사람들과 교류하는 방식 또한 매우 다를 거라고
생각한다. 하지만 리사는 사실 남들과 별반 다를 게 없다고 딱
잘라 대답했다.

제 또래쯤 되는 부모들은 자식들이 이미 집을 떠난 지 오래예요.
그 부모들이 자신의 자녀들과 연락을 주고 받는 방식은 우리랑
전혀 다르지 않습니다. 같은 집에서 함께 살지 않는 건 노마드
부모나 일반 부모나 똑같잖아요? 스카이프, 페이스타임, 각종
메신저들로 메시지를 주고 받고, 화상통화를 하고. 어쩌다 보니
우리는 노스캐롤라이나가 아니라 베를린에 있는 것뿐이에요.
큰 아이는 지금 뉴욕에 있어요. 시대가 바뀌었고, 이제 이 바뀐
시대에 우리가 가진 기술을 이용해서 새로운 방식으로 우리가
사랑하는 사람들과 소통하고 있는 거죠.
리사

우리 둘째 아들이 집을 떠난 게 벌써 3년 전이네요. 음, 그 이후로
이놈의 첨단 기술 덕분에 매일같이 스카이프로 제게 전화를
걸거든요. 그러다 혹시라도 서로 보고 싶거나, 아이들이 우리를
필요로 하는 일이 있으면 언제든지 서로가 있는 곳으로 비행기를
타고 날아가면 그만입니다.
리

맞아요. 그때 쓰라고 마일리지가 있는 거예요!
리사

우리는 지금 모든 것이 '연결된' 시대를 살고 있다. 이 새로운 시대에 세계는 한편으로는 더 넓어졌고, 다른 한편으로는 더욱 좁아졌다. 마음만 먹으면 삶의 터전으로 삼고 또 여행할 수 있는 반경이 늘어났다는 점에서 넓어졌고, 동시에 언제, 어디서든 쉽게 친구와 가족을 온오프라인에서 만날 수 있을 만큼 좁아진 것이다. 시간과 공간은 한정된 자원이라고들 하지만, 이 유쾌한 두 부부는 그 자원을 어떻게 활용하는가에 따라 얼마든지 다른 모습으로도 행복하게 살아갈 수 있다는 것을 보여주고 있다.

디지털 노마드가 즐겨찾기 하는 서비스

채용

원격근무사의 채용 공고, 또는 일반 회사지만 원격근무가 가능한 부서의 채용 공고만을 한 자리에 모아놓은 웹사이트들이 있다. 그중에서도 가장 높은 트래픽을 보유한 두 곳을 소개한다.

위 워크 리모틀리 We Work Remotely

원격근무 시행사 '베이스캠프'가 본래 자사 채용 공고 게시 용도로 이용하던 잡보드를 리브랜딩해 공개한 웹사이트. 2013년 오픈했다.

리모트OK Remote OK

위 워크 리모틀리보다 시작은 늦었으나 위 워크 리모틀리 수준의 높은 트래픽을 보유한 곳으로, 노마드리스트에서 제공하는 서비스다. 리모트OK에서는 사용자가 원하는 직군과 빈도수를 설정해 채용 공고들을 한꺼번에 이메일로 받아볼 수 있는 구독 서비스를 함께 제공하고 있다.

소통

텔레그램 Telegram

보안 문제 등으로 한국에서도 화젯거리였던 메신저. 텔레그램은 보안성이 우수하고 다른 메신저 서비스 대비 매우 가볍고 빠르다. 인터넷 속도가 느리고 불안정한 곳에서 다른 모든 메신저의 이용이 불가능할 때도, 텔레그램만은 절대 배신하지 않는다.

스카이프 Skype

각종 행정, 은행 업무 등으로 인터넷 메신저 대신 전화를 걸어야 할 때 유용한 서비스. 크레딧을 충전해 세계 어디에서든 전화를 걸 수 있으며, 수신이 가능한 전화번호도 구입할 수 있다. 참고로 1588과 같은 번호로 시작하는 여덟 자리 수의 전국 대표 번호 그리고 123처럼 축약된 전화번호는 스카이프로 전화를 거는 것이 불가능하다. 행정 기관이나 은행, 기업 고객센터 등에 전화를 걸 땐 꼭 지역번호로 시작하는 전화번호를 알아둘 것!

어피어.in appear.in

화상통화를 하고 싶은데 상대방이 스카이프도 쓰지 않고, 구글 행아웃도, 페이스북 메신저도 쓰지 않는다면? 어피어.in이 있다. 화상통화를 위한 페이지를 개설한 후 해당 페이지의 짧은 url 주소 링크 하나만 보내면 간단하게 누구든 어디에서나 접속해 화상통화를 할 수 있다.

슬랙 Slack

최근 가장 인기 많은 협업 도구로, 첨부파일 관리뿐만 아니라 개인 메세지 기능, 용도별 채널 개설과 관리 등 메신저 그 이상의 기능을 제공한다.

항공

스카이스캐너 Skyscanner

가장 널리 쓰이는 항공권 검색 서비스 스카이스캐너는 저가항공사의 항공권 가격 정보를 한눈에 볼 수 있어 편리하다. 단, 저가항공의 경우 요금이 저렴한 대신 수화물이나 좌석 예약에 추가

요금을 내야 하는 경우가 많으니
반드시 확인할 것!

에어아시아 Airasia

동남아시아 지역 여행에 최적화된
항공사. 아세안 패스를 이용해
정액권을 구입하면 사용 가능한
크레딧 범위 안에서 무제한으로
동남아 지역을 이동할 수 있다.

숙소

국가별, 도시별, 지역별로
에어비앤비, 호텔, 레지던스, 단기
임대 등 여러 가지 옵션들 간의
장단점이 있다. 현지 상황에 따라
가장 용이하고, 안전하고, 가격 대비
더 좋은 조건과 자신의 체류 기간
등을 고려해서 선택하면 된다.

에어비앤비 Airbnb

장기 체류를 선호하는 디지털
노마드들에게 없어서는 안 될 숙박
공유 서비스. 한 달 단위로 예약하면
호스트와 협상해 상당한 할인을
기대할 수 있다.

아고다 Agoda
부킹닷컴 Booking.com

호텔, 레지던스, B&B 등 다양한
형태의 숙박 시설을 찾고 예약할
수 있는 서비스. 단기간 먼저
지내본 후, 시설과 위치 등이
만족스러울 때에는 장기 체류를
조건으로 직접 가격 협상을 해 보자.

기타

스피드테스트 Speedtest.net

숙소나 협업공간 장기 예약
전에 반드시 필수로 실행해야
하는 인터넷 속도 체크 서비스.
다운로드 속도뿐만 아니라 대부분
다운로드에 비해 느리기 마련인
업로드 속도를 반드시 눈여겨 보자.

패스트닷컴 Fast.com

동영상 스트리밍 서비스
넷플릭스에서 제공하는 인터넷
속도 체크 서비스. 다운로드 속도만
제공하는 대신 매우 직관적이다.
위의 스피드테스트와 함께
사용해서 인터넷 속도 체크의
정확도를 높일 수 있다.

터널베어 Tunnelbear

VPN 우회 프로그램. 귀여운
곰 일러스트와 쉬운 사용법이
특징이다. 국가에 따라 특정
사이트의 접속이 불가능한 경우가
있는데, 터널베어는 이런 경우에
해당 사이트의 접속을 가능하게
해준다. 한 예로 인도네시아에서는
동영상 스트리밍 서비스
비메오Vimeo와 온라인 커뮤니티
사이트 레딧Reddit의 접속이
제한되어 있지만, 터널 베어만
있으면 전혀 문제 없다. VPN 우회
서비스는 대부분 유료 서비스이며
종류도 많고 옵션도 다양하므로,
사용량 등을 따져 자신에게 가장
적합한 서비스를 이용하는 것이
좋다.

노마드리스트 Nomad List

노마드 리스트는 디지털
노마드들에게 적합한 도시들을
인터넷 속도, 기후, 치안, 물가
등에 따라 점수를 매겨 리스트로
보여 주는 웹사이트다. 2016년
기준 약 천여 개 도시에 대한
정보를 확인할 수 있으며, 디지털
노마드들에게 없어서는 안 될 필수
서비스 중 하나로 꼽힌다.
깨끗한 공기, 영어 소통 가능
정도, 인종차별이 적은 곳 등
다양한 필터를 활용해 자신에게
가장 알맞은 도시를 찾아볼
수도 있다. 뿐만 아니라 서핑을
즐길 수 있는 도시, 가족과 함께
지내기 좋은 도시, 창업하기 좋은
도시, 채식주의자들을 위한 도시
등과 같은 다양한 시티 콜렉션을
참고하는 재미도 쏠쏠하다. 날씨가
도시 순위를 결정하는 주요 요소 중
하나인 관계로 계절에 따라 전체
순위가 자주 바뀌니 참고하자.
노마드리스트에서는 도시별
정보 외에도 디지털 노마드들을
위한 다양한 서비스들을 함께
제공하는데, 2016년 기준 약
만 명이 넘는 멤버가 참여하고 있는
도시별 채팅 커뮤니티, 멤버들이
각종 질문과 답을 주고 받는 노마드
포럼, 여행 일정을 짜고 이를
공유하는 트립 플래너 등 여러
가지가 있다.

원격근무, 어디서부터 시작할까

원격근무를 통해 자유롭게 이동하며 살고 싶은데, 당장 어디서 시작해야 할지 모르겠다면? 자신의 상황을 체크하며 차근차근 시작해 보자.

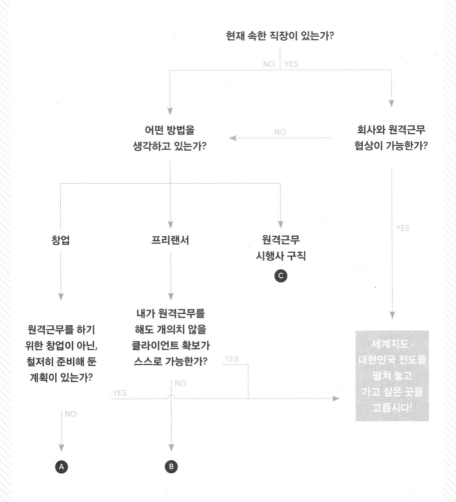

현재 속한 직장이 있는가?

NO | YES

어떤 방법을 생각하고 있는가? ← NO

회사와 원격근무 협상이 가능한가?

창업

프리랜서

원격근무 시행사 구직
C

원격근무를 하기 위한 창업이 아닌, 철저히 준비해 둔 계획이 있는가?

내가 원격근무를 해도 개의치 않을 클라이언트 확보가 스스로 가능한가?

YES

YES NO

YES

NO

A

B

세계지도·대한민국 전도를 펼쳐 놓고 가고 싶은 곳을 고릅시다!

A

노마드리스트를 만든 피터 레벨을 비롯한 여러 디지털 노마드들의 이야기를 빌자면, 처음 원격근무를 시도할 때 가장 현실적인 방법은 원격근무 시행사에서 일하는 것이다. 삶의 방식을 바꾸는 것만으로도 충분히 큰 도전이고 상당한 위험 부담을 짊어지는 셈인 데다가 창업, 또는 사업 운영을 한다는 건 절대 녹록치 않기 때문이다. '무엇이든 창업해 디지털 노마드가 되겠다'고 생각한다면 주객이 완전히 전도된 것이다. 특히 디지털 노마드를 소위 '뜨고 있는' 트렌드로 인식하고 무턱대고 관련 비즈니스를 시작하는 것은, 이미 포화 상태인 각종 유사 서비스들의 리스트에 이름을 하나 더 올리는 것에 불과하다. 제대로 된 계획 없이 현재의 직장이나 생계 수단을 섣불리 내팽겨치진 말자. 우선 디지털 노마드에 대한 환상을 내려놓고, 다시 한번 생각해 보길 권한다.

반대로, 이미 창업을 준비하고 있었다면 원격근무가 큰 도움이 될 수 있다. 사업을 준비하며 사무실 등 고정 비용을 절감할 수 있는 방법으로 원격근무를 시행하거나, 아예 팀 단위로 생활비가 저렴한 곳에서 함께 제품 개발에 매달리는 경우도 어렵지 않게 볼 수 있다.

B

충분히 프리랜싱을 할 수 있는 전문 스킬이 있고, 이를 실행에 옮길 수 있는 상황인데 내가 만나는 클라이언트들은 하나같이 원격근무에 난색을 표한다면? 반드시 얼굴을 보고 이야기를 해야 하고, 때로는 아예 사무실에 자리를 마련할테니 출퇴근을 하라고 한다면? 이런 경우에는 원격근무를 기본 업무 조건으로 제시하는 여러 프리랜스 플랫폼으로 눈길을 돌려보자.

대표적으로 프리랜스 플랫폼계의 최강자 업워크가 있다. 2016년 6월 기준 전 세계 약 1천 2백만 명의 프리랜서가 업워크를 통해 클라이언트와 함께 일하고 있다. 개발자, 디자이너에게 특화된 프리미엄 플랫폼 톱탤도 추천한다.

C

원격근무 경험이 전혀 없다면,

자신이 원격근무에 적합한 사람인지 아닌지, 아니라면 과연 어느 정도로 무리 없이 적응할 수 있을지 충분히 시험해 보는 것이 좋다. 원격근무 시행사들은 많은 경우 동종 업계의 다른 회사들에 비해 지원자가 더 몰리고, 상대적으로 더 경쟁이 심하다는 것 역시 염두에 두자. 어디나 그렇듯 사람들이 선호하는 건 대개 다들 비슷하다.

원격근무 시행사로 이직을 결심했다면, 원격근무를 시행하는 회사들을 찾아보자. 구글에서 '원격근무 시행사remote company' 등의 키워드로 검색해 보면 다양한 미디어에서 '원격근무를 시행하는 100개 기업 리스트'와 같은 내용의 기사들을 발행하고 있으며, 관련 회사의 채용 공고만 모아 보여주는 웹사이트들도 있다. 꼼꼼히 보고, 현재 채용이 진행 중인 곳 위주로 준비하자.

상당수의 외국 회사가 국내와는 달리 공개적으로 채용 공고를 항상 내지는 않는다. 당장 채용 공고를 내놓지 않은 회사라도 빼놓지 않고 지켜보고, 일하고 싶은 곳이 있다면 HR 부서로 자기소개서cover letter와 약력resume을 보내볼 것! 그 밖에 원격근무 시행사로의 이직에 도움이 되는 정보들을 아래 정리한다.

세계 최대의 글로벌 비즈니스 소셜미디어 링크드인LinkedIn에 자신의 경력 프로필을 올리고 활용해 보자. 많은 외국계 헤드헌팅이 링크드인에서 이루어진다.

리모트OK, 위 워크 리모틀리와 같은 원격근무 시행사의 채용 정보를 한데 모은 구직사이트를 상시 체크하고, 뉴스레터도 구독하자.

지인을 통한 소개는 아무리 활용해도 지나침이 없다!

원격근무 프로젝트를 경험한 적이 있다면 지원서를 작성할 때, 그리고 인터뷰 때에도 이를 강조하는 것이 좋다. 많은 원격근무 시행사가 원격근무 경험자를 선호한다.

+

국외 원격근무 시행사 취업을
고민하는 많은 사람들이 호소하는
어려움 중 하나가 언어의 장벽이다.
특히 글로벌 원격근무 시행사의
경우 당연하게도 국적에 관계없이
채용을 진행하는 경우가 많고,
직원들 역시 다양한 배경을 가지고
있다. 그렇기 때문에 지구 각지의
팀원들과 소통하기 위해서는
영어가 필수다. 완벽한 문법보다는
소통 능력이 중요하니 지레
겁먹기보다는 우선 도전해 보자.
영어는 업무 진행을 위한 '스킬'에
불과하다. 원격근무 시행사뿐만

아니라, 어디에서든 특히
구직과정에서 소통 능력과 업무
능력은 필수라는 점 역시 기억하자.

+

여러 사정으로 당장 이직이 어려울
경우, 눈 딱 감고 현재 속한 조직과
협상을 해보자. 생각보다 어렵지
않을 수도 있다. 일주일에 하루,
이틀부터 천천히 단계별로 협상에
나서는 전략을 사용해 보는 것도
좋다. 내가 가진 업무 능력이
전문적일수록, 또는 기타 다른
이유로 내가 가진 협상력이 클수록
승산이 있다.

사무실에서 벗어난 사람들은 어디에서 어떻게 일할까?
지금까지 디지털 노마드의 등장과 원격근무의 흐름에 대한
기업 경영진의 생각 그리고 각양각색으로 살아가는 사람들의
이야기를 들어보았다. 이제는 디지털 노마드와 원격근무를
배경으로 등장한 흥미로운 서비스와 산업들, 변화에 발맞춰
대응하는 국가와 지자체의 움직임들을 살펴볼 차례다.
디지털 노마드로 살아가는 이들은 물론, 이 새로운 흐름에 관심
있는 사람과 기업, 조직들이 알아 두면 유용한 정보들을 모았다.

디지털 노마드는 어디에서, 어떻게 일하고 살아갈까

소유가 아닌 공유, 협업공간

+ + +

사무실을 벗어나 자신이 원하는
곳에서 일하고 살아가는 디지털 노마드. 그들은 어떻게 세계
각지에서 일하고 살아가고 있을까? 처음 방문한 낯선 도시에서
자신에게 맞는 업무 공간, 일할 수 있는 환경을 찾는 노마드를
위한 공간과 서비스는 나날이 늘고 있다. 그중 가장 대표적인
것이 바로 협업공간co-working space이다.

협업공간이란 각자의 작업을 하는 개개인이 함께 공유하는
하나의 업무 공간, 일종의 공동 사무실이다. 공간 공유와 인터넷
연결뿐만 아니라 협업공간에 따라 각종 세미나, 모임, 강좌와
같은 이벤트가 정기적으로 열리기도 하고, 멤버십 이용자들 간
커뮤니티가 활발한 곳도 있다. 공유경제와 커뮤니티라는 두 가지
키워드를 앞세운 협업공간은 이제 어지간한 규모의 도시에서는
어렵지 않게 찾아볼 수 있다.

협업공간 전문 매거진 <데스크매그>에 따르면 2015년 기준
전 세계에 분포한 협업공간은 약 8천 7백 개에 이르며 2017년
말까지 약 1만 4천 개까지 증가할 것으로 예측된다. 2016년
한국에도 진출한 글로벌 협업공간 기업 위워크Wework는

말할 것도 없고, 이 도시에서 저 도시로 이동하며 자유롭게
일하는 원격근무자들을 겨냥한 코패스Copass 같은 곳들도
수많은 경쟁자들 사이에서 시장을 점유하고자 각축전을 벌이고
있다. 코패스는 자사의 네트워크에 등록되어 있는 여러 나라,
여러 도시의 협업공간을 한곳에서 예약하고 결제할 수 있는
서비스를 제공한다. 패스 형태의 이용권으로 이용자가 지역에
상관없이 여러 개의 협업공간을 하나의 멤버십으로 이용할 수
있는 곳도 있다.

단순히 '사무실 바깥에서 일할 장소가 필요한 거라면, 카페에
가는 것만으로도 충분하지 않을까?'라는 의문이 들 수도 있다.
단기간이라면 카페를 업무 장소로 이용하는 데 큰 지장이
없을지도 모른다. 특히 대한민국의 많은 카페들은 무료
와이파이는 물론 쾌적한 환경까지 갖추고 있어 상대적으로
일하기 매우 편리하다. 그러나 모든 나라의 카페가 이렇게 좋은
여건을 갖추고 있는 것은 아니다. 게다가 잠시 잠깐이라면
모를까, 매일 계속해서 카페를 전전하며 일하는 것은 생각보다
쉽지 않다. 곰곰이 한 번 생각해 보자. 사무실이 제공하는 편의는
우리 생각보다 훨씬 많다. 사소하게는 안정적인 인터넷 접속과
전원부터, 높낮이가 맞는 업무용 책걸상, 프린터와 스캔이
가능한 복합기까지. 뿐만 아니라. 사무실은 업무에 필요한 각종
우편과 택배물을 받을 수 있는 공간이자, 잠시 자리를 비워도
마음 놓고 노트북을 그대로 둘 수 있는 보안도 갖추고 있다. 여러
사람이 모여 이야기를 나눌 수 있는 회의실, 화상통화를 할 수
있는 스카이프룸 등 장시간, 장기간 일할 때 사무실이 제공하는
이러한 편의는 업무 효율에 큰 영향을 미칠 수밖에 없다. 그리고
바로 이 점이 협업공간이 사무실이 아닌 곳에서 일하는 무수히
많은 사람들에게 제공할 수 있는 핵심 가치이기도 하다.

　　　'지구 반대편에서도 일을 한다'는 디지털 노마드의 삶이 언뜻

장밋빛 이야기로만 들릴 수도 있겠지만, 여기에는 고정된 사무실이 지금껏 제공해 왔던 수많은 편의를 밖에서 스스로 찾고 최적화하는 노력이 필수로 수반된다. 그리고 이러한 노력 없이는 이동의 자유를 찾아 사무실을 벗어났다가도 얼마 가지 못해 제자리로 돌아올 공산이 크다. 내 경우 몇 달씩 장기간 머무를 에어비앤비나 레지던스를 고를 때 가장 중요하게 고려하는 요소는 바로 인터넷 속도와 제대로 된 책걸상의 유무다. 집과 협업공간, 또는 집과 카페 혹은 도서관을 번갈아 가며 일하는 것을 가장 선호하기 때문에, 숙소를 빌릴 때 가구 임대 업체에서 내가 필요한 책걸상 또는 스탠딩 데스크를 임대해서 사용할 때도 있다. 프리뷰용 다큐멘터리 영상을 편집할 때에는 큰 스크린이 필요해서 협업공간에서 디자이너용 모니터를 대여하기도 했다. 또한 어디서든 노트북을 이용할 때는 반드시 스탠드를 사용해 스크린 높이를 적절히 맞추는 습관을 들였다. 사소한 듯 보이지만 중요한 부분이다. 노마드리스트 창업자 피터 레벨의 이야기를 들어 보자.

인터넷 속도는 말할 것도 없고, 제가 가장 신경 쓰는 건 테이블과 의자 사이의 높낮이입니다. 저 같은 개발자들은 특히 손목 터널 증후군에 시달리는 경우가 많거든요. 한번 문제가 생기면 손목은 물론이고 팔 전체가 저리고, 통증으로 상당 기간 아예 일할 수 없는 경우까지 생깁니다. 아주 치명적이죠. 그래서 높낮이가 맞는 책걸상과 스탠딩 데스크는 제게 인터넷 속도만큼이나 중요합니다. 새로운 도시에 도착했을 때 제가 가장 먼저 하는 것도 일하기 좋은 여러 공간을 찾는 일이죠.
피터 레벨

공간의 자유가 주어진 만큼 자신의 업무 환경을 최적화하려는

노력과 투자가 필요하다. 디지털 노마드에게 협업공간은 어느
도시에서든 가장 안정적으로 인터넷을 이용할 수 있는 곳 중
하나이기도 하고, 집이나 카페 이외에 책걸상 등 업무 환경이
잘 갖춰진 곳을 찾고자 하는 이들에게도 안성맞춤인 공간이다.
그밖에도 새로운 도시에 도착했을 때, 그곳의 노마드들이나 현지
커뮤니티와의 만남을 원하는 이들에게도 협업공간은 매력적인
선택지가 될 수 있다.

앞서 말한 최적화된 업무 환경의 제공이 협업공간의 기본이자
필수 기능이라면, 커뮤니티는 협업공간의 성격에 따라
천차만별인 부가 기능이다. 커뮤니티에 중점을 두는 곳이 있고,
그렇지 않은 곳이 있다. 사람마다 각자 기호에 따라 다르겠지만
내 경우 협업공간의 커뮤니티는 너무 없어서는 안 되고,
그렇다고 일상 업무를 방해할 만큼 지나치게 끈끈해도 곤란하다.
일주일 넘게 같은 협업공간에서 일해도 현지 스태프와 제대로
대화조차 못해 보는 도서관 같은 곳도 있고, 며칠이 지나자마자
스태프며 멤버며 가릴 것 없이 거의 매시간 사람들이 말을
걸어와 도저히 일에 집중할 수 없을 정도로 분위기가 산만한
곳도 있다. 보통 후자는 관광객이 많이 찾는 곳에 위치하거나,
최근 미디어나 블로그에 등장해 급속도로 유명해진 곳이
많다. 이런 곳은 장기 체류자보다 한 달 이내의 단기 체류자가
더 많은 곳인 경우가 많다. 일이 아니라 사교 활동이 주가 되는,
주객전도의 상황이 발생하는 것이다. 사람, 도시, 그리고 상황에
따라 때로는 협업공간 멤버십 비용을 책걸상이 잘 갖춰진
에어비앤비나 레지던스에 투자하는 것이 오히려 업무에 더
도움이 되는 환경을 확보하는 방법일 때도 있다. 조용한 곳에서
일에 더 쉽게 몰입하는 내 경우엔 특히 그렇다.

　　　사람마다 집중할 수 있는 환경, 선호하는 업무 환경이 다르듯

협업공간 또한 서비스부터 분위기까지 많은 차이가 있다.
협업공간에 따라 중점을 두는 요소 역시 천차만별이니, 멤버십
결제 전에 무료 원데이 패스 등을 이용해 자신에게 잘 맞는
협업공간을 고르는 것이 중요하다.

국내에도 협업공간이 속속 생겨나고 있다. 앞서 말한 위워크를
비롯해 각양각색의 협업공간이 운영되고 있으며, 정부나
지자체가 스타트업 또는 청년 창업 지원의 일환으로 제공하는
무료 공간도 있다.

커뮤니티, 지리적 특성, 독특한 서비스 등을 중심으로 디지털
노마드들에게 특히 사랑 받는 세계의 수많은 협업공간 몇 군데를
꼽아 여기 소개한다. 이 협업공간들은 '노마드리스트'에서
실시한 2016년 설문조사 '리모트 워크 어워드 2016'의 협업공간
부분에서 가장 많은 득표를 받은 곳들이기도 하다. 모든
정보는 2016년 기준으로, 보다 자세한 정보를 찾으려면 해당
협업공간의 웹사이트를 직접 확인하는 것을 추천한다.

허바 Hubba

위치	방콕(태국)
멤버십	1일 299 바트(약 1만 원), 1달 무제한 2999 바트
편의시설	커피와 다과 무료, 냉장고와 전자레인지 등 미니 키친, 점심 배달 서비스, 우편함, 미팅룸, 협업공간 전체 에어컨 가동, 야외 테라스
야간 개방	없음
기타	2층은 입주 기업을 위한 고정 사무실과 세미나 공간이고, 1층은 별도 고정석이 없는 전체 자유석이다. 태국 치앙마이의 펀스페이스Punspace, 라오스의 토라오Toh-Lao 등 동남아시아의 여러 협업공간들과 파트너 관계를 맺고 있으며, 태국 스타트업 생태계를 견인하고 있다.

+ + +

다큐멘터리를 제작하기 전부터 허바는 내가 즐겨 찾는
협업공간이었다. 허바의 공동창업자이자 대표인 아마리트
차로판Amarit Charoenphan은 2011년 방콕 대홍수를 겪으며
사무실과 집이 모두 침수되는 불상사를 겪었다고 한다. 어쩔 수
없이 대가족과 함께 6개월 간 파타야의 비좁은 집에서 머무르던
그는 도저히 집에서 일할 수가 없어서 인근의 카페에서 업무를
보기 시작했는데, 시끄럽고 와이파이 접속이 끊어지기 일쑤인
카페에서 협업공간 사업 구상이 떠올랐다고 한다.

허바가 문을 연 것은 2012년, 당시만 해도 방콕, 아니 태국
전체에 협업공간은 전무했다. 그 후로 5년, 태국 최초의 협업공간
허바는 태국 현지인들뿐만 아니라 전 세계의 디지털 노마드가
사랑하는 공간으로 성장했다.

허바는 규모가 큰 것도, 인터넷이 한국보다 빠른 것도
아니다. 그런데도 많은 디지털 노마드들이 국적을 불문하고
즐겨 찾는 이유는 업무에 최적화된 다양한 시설과 분위기도
있지만, 커뮤니티 역시 빼놓을 수 없다. 시설이나 위치 조건이
비슷하다면 결국 사람들의 발길을 이끄는 것은 바로 사람이다.
잘 가꾸어진 커뮤니티가 상주하는 허바에서는 집이나 카페에서
일할 때에는 느낄 수 없는 소속감을 얻을 수 있다. 내게 허바는
언제든 불쑥 들어서도 항상 아는 얼굴이 나를 먼저 알아보고
반기는 타지의 집과도 같은 곳이다. 또 아무에게도 방해 받지

않고 집중해서 일할 수 있는 공간이기도 하다. 그리고 이런 이유
때문에 많은 이들이 지구를 한 바퀴 돌아 다시 허바를 찾아온다.

허바가 사랑 받는 또 다른 이유는 바로 멤버의 구성비에서도
찾아볼 수 있다. 중남미의 도시나 인도네시아 발리 등을
비롯한 몇몇 개발도상국의 협업공간에서 일하다 보면 어느
순간 위화감을 느낄 때가 있다. 찜찜한 기분의 원인을 찾다가
'왜 이 공간에서 일을 하는 현지인은 아무도 없지?'라는
의문에 다다랐다. 이는 현지의 경제 발달 수준, 스타트업과
프리랜서, 원격근무자의 숫자 등과 밀접한 관련이 있다.
한 예로 태국이라는 국가 안에서도 스타트업과 IT산업이
빠르게 성장한 방콕과, 상대적으로 경제 발달이 더딘 지역에
둘러싸인 북부 치앙마이에 위치한 협업공간의 멤버 구성비는
눈에 띄게 차이가 난다. 인도네시아의 경우, 자카르타와 발리를
비교할 때 이와 비슷한 현상을 관찰할 수 있다. 이 탓에 몇몇
공간들은 '선진국에서 온 백인들만의 놀이터'라는 비난을 받기도
한다(이 문제에 대해서는 다음 장에서 좀 더 자세히 들여다
보도록 하자).

그런데 특이하게도 허바에서는 항상 현지인과 외국인 간 비율이
거의 비슷하게 유지된다. 국내외 커뮤니티가 이렇게나 잘
조화를 이루는 곳은 상당히 드물다. 이러한 멤버 구성비 덕분에
허바에서는 다양한 형태의 교류가 활발히 이루어진다. 국경을
넘나드는 채용, 해외에서 허바를 찾은 원격근무자들이 주도하는
세미나와 현지 기업 주최의 각종 강좌 등 지식 교류도 활발하다.
이를 가능케 하는 가장 큰 원동력은 바로 커뮤니티에 힘 쏟는
스태프들의 노력이다. 허바에 들어서면 가장 먼저 만나는
사람이 스태프다. 이들은 공간을 소개하고 사람들을 연결하며,
참가할 수 있는 이벤트들을 알려준다. 허바와 방콕을 더 알고

싶어하는 첫 방문자들을 위한 오리엔테이션도 매주 한차례 있다.
이런 친절과 관심은 매우 적절한 선에서 지키고 있어서, 책상에
앉아 업무에 집중하고 있을 때는 전혀 방해 받을 일이 없다.
건강한 커뮤니티와 일에 집중할 수 있는 분위기까지, 두 마리
토끼를 한 번에 잡을 수 있는 협업공간이다.

후붓 Hubud

위치	발리(인도네시아)
멤버십	1일 이용권 20달러(약 2만 4천 원, 카페 이용 시 제한된 시간 동안 와이파이 무료 이용), 1달 기준 사용 시간에 따른 멤버십 (30/50/100시간, 각각 60/110/195달러), 1달 무제한 275달러
편의시설	미팅룸, 스카이프룸, 우편함, 냉장고와 미니 키친, 유기농 카페테리아, 실내 공간 일부 에어컨 가동
야간 개방	24시간
기타	야외 공간과 2개 층의 실내 공간이 있으며, 야외에는 카페테리아가 있다. 1층의 미팅룸을 제외하고는 에어컨이 없고, 대부분의 공간이 야외와 바로 연결되어 있으므로 모기 퇴치 스프레이 소지 필수.

+ + +

후붓은 발리 최초의 협업공간이자, 발리를 대표하는 가장 유명한
협업공간이기도 하다. 후붓의 유명세에는 발리의 자연 환경과
어우러지는 멋진 외관이 한 몫 톡톡히 한다. 대나무로 지은 2층

건물 앞에 펼쳐진 잔디밭과 여기저기 놓인 커다란 빈백, 맨발로 마당과 카페를 오가며 인사를 나누는 사람들, 유기농 카페 뒤로 넓게 펼쳐진 새파란 논의 평화로운 풍경에 매료된 많은 사람들이 이 공간을 찾는다. 또 후붓에서는 각양각색의 이벤트를 매일같이 진행한다. 월간 이벤트 일정을 적어 놓은 칠판에는 기술, 금융, 예술 등 다양한 분야의 크고 작은 모임이 빼곡히 정리되어 있다.

그러나 이 아름다운 경관과 유명세가 생각지 못한 문제를 낳기도 했다. 유명 미디어에 후붓이 소개되면서 세계 각지에서 사람들이 엄청나게 몰려들어 시설 이용에 어려움이 생긴 것이다. 후붓뿐만 아니라 동네 전체가 하루가 다르게 매우 혼잡해지고 있다. 때문에 장기 거주자들의 경우 발리 서쪽 해안가에 위치한 짱구Canggu에 새로 문을 연 또 다른 협업공간으로 발길을 돌리기도 한다.

발리는 분명 일하고 또 여행하기에 멋진 곳이지만, 가기 전에 몇 가지 염두에 두어야 할 것이 있다. 첫째가 바로 도로 사정이다. 발리는 도로 상태가 썩 좋지 않은데다가, 발리를 찾는 사람들이 급증하면서 교통 체증도 늘었다. 택시와 여행사에서 운영하는 몇몇 버스 이외에는 이용할 만한 대중교통도 전무하다. 때문에 많은 경우 현지에서 오토바이를 렌트하곤 하는데, 크고 작은 사고가 속출하고 있어 각별한 주의를 요한다.

둘째는 장소에 따라 천차만별인 인터넷 속도다. 같은 도시 안에서도 건물마다 인터넷 속도 차이가 상당하다. 협업공간 장기 예약 전에는 반드시 스피드 테스트를 하고, 항상 목적지의 인터넷 상황을 확인할 필요가 있다. 특히 회사에 소속된 풀타임 원격근무자라면 종종 있는 정전 등 비상상황에 대비해 현지 심카드를 미리 구비하고 데이터 요금제에 가입해 두는 것이 좋다.

베타하우스 베를린 Betahaus

위치	베를린(독일), 함부르크(독일), 소피아(불가리아), 바르셀로나(스페인)
멤버십	1일 18유로(약 2만 2천 원, 카페 이용시 와이파이 무료 이용), 주 5일 1달 이용권 159유로, 1달 무제한 이용 299유로
야간 개방	1달 무제한 멤버십에 한해 24시간 개방
편의시설	미팅룸, 스카이프룸, 우편함, 냉장고와 전자레인지 등 미니 키친, 커피, 라커, 카페테리아(채식주의자 메뉴 구비), 공방 등

+ + +

베타하우스는 독일, 불가리아, 스페인 등에서 협업공간을 운영하고 있다. 특히 베타하우스 베를린은 일단 그 규모부터가 상당하다. 베를린은 서유럽 내에서도 눈에 띄게 저렴한 생활비와 준수한 인프라, 일찌감치 발달한 프리랜싱 문화로 많은 디지털 노마드가 찾는 도시이다. 베타하우스 베를린은 5층 빌딩 전체를 사용하고 있으며, 1층에 위치한 카페테리아는 회원이 아닌 사람들에게도 항상 열려 있다. 카페테리아는 다양한 메뉴와 신선한 재료가 강점인데, 와이파이도 사용할 수 있어서 항상 사람들로 붐빈다.

거대한 규모는 물론 깔끔한 시설로도 유명한 베타하우스 베를린에는 최대 150명까지 수용 가능한 이벤트룸, 목적과 규모에 따른 다양한 미팅룸, 폰부스, 카페 분위기의 편안한

오픈 데스크부터 도서관 테마의 조용한 업무 공간, 그리고
공방까지 매우 다양한 공간들이 마련되어 있다.
하지만 베타하우스 베를린의 진짜 강점이라고 할 수 있는 건
바로 활발한 강연과 세미나다. 하루 평균 세 건, 많게는 다섯 건의
이벤트가 각 층에서 진행된다. 대부분의 이벤트가 비회원도 참가
가능한 무료 행사여서 이벤트에 참가하러 왔다가 멤버십까지
신청하는 이들이 적지 않다. 단순 친목도모보다는 교육 목적
이벤트의 비중이 월등히 높고 스타트업 피칭, 디자인, 마케팅
등 다양한 분야의 정보와 사람들을 만날 수 있다. 강연의 경우
무료가 많지만, 강사에 따라 내용의 질이 천차만별일 수 있으니
강사 약력을 미리 확인하는 것이 좋다.

매주 목요일 오전에는 베타브랙퍼스트Betabreakfast라는
이벤트가 열리는데, 멤버십 신청에 앞서 베타하우스를 좀 더
알아보고 싶다면 이 행사에 먼저 참가해 보는 것도 좋다.
10유로의 참가비가 있고, 매주 다른 주제로 진행되는 여러
멤버들의 짧은 스피치와 함께 아침 뷔페를 즐길 수 있다.

아웃사이트 _{Outsite}

위치 샌디에이고(미국), 산타크루즈(미국),
     베니스비치(미국), 코스타리카, 푸에르토리코 등

멤버십 30일 기준 쉐어룸 1200달러(약 135만 원), 프라이빗룸
     1500달러(지역별로 상이), 자전거와 서핑보드 렌트와
     주간 저녁 식사 포함

편의시설 협업공간 지정석 제공, 바베큐 시설, 부엌, 미팅룸, 현지
     음식 케이터링, 유기농 커피

기타 사무 공간과 주거 공간
     공유 서비스를 함께 제공

+ + +

  협업공간이 사무실을 공유한다면, 공유 주거co-living space는
  '공유'의 개념을 주거 공간까지 확대한 것이다. 이러한 공유
  공간은 디지털 노마드뿐만 아니라 기존에 일하던 공간에서
  벗어나 잠시 색다른 곳에서 업무에 집중하고자 하는 프리랜서나
  직장인들에게도 각광받고 있다.

공유 주거 서비스는 대개 주거 공간과 함께 언제든지 일할 수
있는 협업공간을 함께 제공하며, 하나의 멤버십으로 전 세계의
각기 다른 도시에 위치한 지점을 자유롭게 오가며 사용할 수
있는 곳도 있다. 다른 지역으로 이동할 때 한 지점에서 다른
지점으로 짐을 옮겨주는 서비스를 제공하기도 하고, 다른
도시 간 동일한 수준의 서비스를 보장하는 곳도 있다. 말 그대로

전 세계에 집을 가지게 되는 셈이다.

앞서 언급한 협업공간 기업 위워크 역시 2016년 공유 주거 서비스 위리브WeLive를 론칭했다. 현재 뉴욕과 워싱턴DC에 지점을 둔 위리브는 협업공간과 함께 쉐어룸과 프라이빗룸을 제공하고, 한 건물 안에 각종 커뮤니티 시설과 휘트니스 시설까지 제공하고 있다.

전 세계에서 우후죽순 생겨나고 있는 공유 주거 서비스 중에서도 독특한 콘셉트로 눈길을 끄는 곳이 있으니, 바로 아웃사이트다. 아웃사이트는 캘리포니아 주 산타크루즈에서 시작한 협업 공간 & 공유 주거 서비스로, 2016년 현재는 미국 서부에 세 군데 그리고 코스타리카와 푸에르토리코까지 총 다섯 개의 지점을 운영하고 있다. 아웃사이트의 모든 지점은 서핑을 즐길 수 있는 바닷가에 위치해 있는 것이 특징이다. 서핑 이외에도 트래킹, 캠핑 등 아름다운 자연에서 즐길 수 있는 다양한 야외 활동을 경험할 수 있다.

아웃사이트는 개인뿐만 아니라 여러 회사의 팀 리트릿 장소로도 사랑받고 있다. 앞에 소개한 버퍼뿐만 아니라 구글, 링크드인, 징가, 그리고 아웃도어 업체 파타고니아Patagonia 같은 곳도 아웃사이트에서 팀 리트릿을 가지는 회사들 중 하나다. 점점 더 많은 회사들이 사무실을 벗어나 다양한 곳에서 팀원들과 함께 일하는 경험을 원하기 때문이다. 아웃사이트 외에도 스페인 그란카나리아 섬, 바르셀로나 등지에 지점을 가진 '서프 오피스Surf Office'처럼 원격근무 시행사의 팀 리트릿 서비스만 전문적으로 제공하는 곳도 있다.

디지털 노마드가 사랑하는 도시

어디든지 발길 닿는 대로 갈 수 있는 자유는 디지털 노마드가 누리는 가장 큰 이점이다. 그중에서도 기후, 문화, 음식, 레저 활동, 자연 경관, 치안 등 여러 가지 이유로 특히 많은 디지털 노마드들에게 사랑을 받고 있는 도시들이 있다. 여러 커뮤니티, 기사와 블로그에 자주 등장하는 장소들, 그리고 노마드리스트의 노마드 챗에서 활동 멤버가 가장 많은 도시들 가운데 'TOP 5 도시'를 뽑아 아래에 정리했다.

각 도시별 특징과 장단점은 개인 경험과 여러 커뮤니티의 의견들을 종합하여 정리한 것이며, '여행'과 '관광'보다는 '일과 생활'에 초점을 맞추었다. 개인차가 있을 수 있다는 점을 명심하자.

치앙마이(태국)

오랜 기간 디지털 노마드들의 출발점으로 알려진 치앙마이는 이제 막 디지털 노마드로 살아보려는 사람들이 특히 많이 몰려들고, 장기 체류자 역시 매우 많다. 전문직 종사자보다는 개인 사업을 준비하거나 운영하는 이들의 비중이 압도적으로 높은 곳이기도 하다.

Good
– 저렴한 생활비와 생활비 대비 매우 높은 삶의 질
– 1년 내내 따뜻한 기후와 아름다운 자연 경관
– 장기 체류 가능한 숙소 찾기가 쉽고, 협업공간과 일하기 좋은 카페가 많음

Bad
– 합법과 불법의 경계를 넘나드는 문제 많은 온라인 비즈니스를 운영하는 인구의 비중이 매우 높음.
– 성매수, 비자 런 남용, 탈세 등 현지 법규 위반 문제로 종종 구설수에 오르는 곳.

당신에게 추천!
– 저렴한 생활비로 따뜻한 곳에서 레저와 태국 음식을 즐기며 일하고

싶은 당신!
- 스타트업, 개인 프로젝트 등을
  준비하는 기간 동안의 지출을
  최대한 줄이고 싶은 당신!

베를린(독일)

부다페스트와 더불어 유럽에서
디지털 노마드의 허브를 꼽을 때
항상 빠지지 않는 곳. 다양한 직종에
종사하는 프리랜서의 비중이 매우
높으며 관련 행사와 워크숍이 자주
개최된다.

Good
- 편리한 각종 인프라
- 유럽 어디로나 갈 수 있는 완벽한
  위치
- 서유럽 내에서 눈에 띄게 저렴한
  생활비
- 다양한 음식과 문화, 다양한
  사람들을 만날 수 있는 다양성이
  살아 넘치는 도시

Bad
- 혹독한 겨울 날씨
- 쉥겐 조약(유럽연합 회원국들
  간에 체결된 국경개방조약)으로
  엄격하게 제한된 체류 기간
  당신에게 추천!
- 독일 체류 후 크로아티아 등 비쉥겐

유럽 국가에서 머물 예정인 당신!
- 주말마다 기차를 타고, 또는 저렴한
  항공편으로 여가 시간을 이웃한
  유럽 국가들에서 보내고 싶은 당신!
- 유럽에서도 종종 훌륭한 아시안
  음식을 즐기고 싶은 당신!
- 도시의 다양성을 중시하는 당신!

부다페스트(헝가리)

동유럽에서 디지털 노마드들에게
가장 사랑 받는 도시 중 하나. 특히
개발자들의 커뮤니티가 아주 잘
발달된 곳이다. 프리미엄 프리랜스
플랫폼 '톱탤' 소속의 개발자가 가장
많은 곳이기도 하다.

Good
- 근접한 동유럽 국가의 아름다운
  도시들을 틈나는 대로 둘러볼 수
  있는 위치
- 저렴한 생활비와 무료
  대중교통(트램)
- 수많은 문화 공연들
- 한국을 거의 따라잡을 정도의 빠른
  인터넷 속도

Bad
- 영어로 현지 의사 소통이 어려운
  경우가 많이 있을 수 있음
- 유럽 내에서는 동네마다 치안

상태의 편차가 큰 편이므로, 숙소를
잡기 전 사전 조사 필수
- 소매치기 조심
- 혹독한 겨울 날씨
당신에게 추천!
- 맥주, 와인, 온천, 그리고 문화
  공연을 사랑하는 당신!
- 다양한 음식을 저렴한 가격으로
  고급 레스토랑에서 즐기고 싶은
  당신!
- 세계 유수의 기업에서 원격으로
  근무하는 개발자들과 만나고 싶은
  당신!

발리(인도네시아)

아름다운 자연 관경과 힌두 문화의
영향을 받은 독특한 분위기, 여행과
장기 체류 두 마리 토끼를 모두
잡을 수 있는 곳. 이미 전 세계의
미디어를 통해 잘 알려져, 수많은
디지털 노마드들이 항상 찾는
곳이다.
Good
- 1년 내내 따뜻한 날씨
- 저렴하고 편리하게 이용할 수 있는
  각종 서비스와 인프라
- 장기 체류를 위한 숙소를 찾기 쉬움
- 채식주의자 음식이 발달했고

요가와 서핑을 배우기 좋음
Bad
- 여행 시즌과 장소에 따라 매우
  혼잡할 수 있음
- 장소에 따라 심히 느릴 수 있는
  인터넷 속도
- 전형적인 유명 관광지에서 볼 수
  있는 극심한 호객 행위
- 느린 행정 처리
당신에게 추천!
- 대도시에서 찌든 몸과 마음을
  다독이려는 당신!
- 건강식과 레저 활동, 명상에 관심
  있는 당신!
- 사계절 내내 서핑을 즐기고 싶은
  당신!

메데인(콜롬비아)

중남미에서 가장 많은 수의 디지털
노마드들이 찾는 곳. '끝없는 봄'의
도시라고 불릴 만큼 1년 내내 온화한
기후를 자랑한다.
Good
- 1년 내내 춥지도, 덥지도 않은
  완벽한 봄 날씨
- 중남미 스페인어 사용 국가들
  중 가장 중립적인 억양으로
  스페인어를 배우기 좋음

- 중남미 국가 중에서 장기 체류를 원하는 디지털 노마드에게 편리한 각종 인프라가 가장 많은 곳

Bad
- 불안한 치안
- 마초 문화가 강한 라틴 아메리카 문화권 특성상 특히 여성 홀로 체류할 때는 주의해야 함
- 마약 관련 사건사고가 끊이지 않으므로 이에 휘말리지 않도록 조심
- 영어 소통 거의 불가

당신에게 추천!
- 스페인어를 할 줄 아는 아는 당신, 또는 스페인어를 배워보려는 당신!
- 살사 음악과 남미 문화를 사랑하는 당신!
- 모험감 넘치는 중남미 여행을 하려는 당신!

기타
방콕(태국) 동남아 전체를 돌아보기 최적인 허브이자 IT 스타트업 열풍이 불고 있는 곳

암스테르담(네덜란드) 모두가 완벽하게 영어를 구사해서 네덜란드어를 몰라도 생활에 아무 불편이 없는 아름다운 운하의 도시

바르셀로나(스페인) 완벽한 날씨와 환상적인 스페인 음식을 모두 즐길 수 있는 곳

카나리아 제도의 섬 라스팔마스 (스페인) 최근 도시 정부가 디지털 노마드 유치 프로젝트를 시작한 유럽의 하와이

타이페이(대만) 일본과 중국을 한 나라에서 만날 수 있는 곳, 빠른 인터넷 속도는 덤

오스틴(미국) 전 세계 마케터들의 집합지

키갈리(르완다) 아프리카 대륙을 돌아보고 싶은 당신, 각종 인프라와 인터넷망이 잘 갖춰진 디지털 노마드 사이에서 떠오르는 도시

따로
또
함께하는
여행

+ + +

디지털 노마드들이 모인 커뮤니티들의
규모가 커지고 마음이 맞는 사람들끼리
함께 여행하고 일을 하는 여행 그룹도
하나둘 생겨나기 시작하면서, 그 중
몇몇은 일찌감치 본격 사업화에 나섰다.
해커 파라다이스Hacker Paradise는
그중에서도 특히 IT 업계 종사자들에게 잘 알려진 프로젝트로,
2014년 가을 약 30여 명의 원격근무자들이 코스타리카에
모이면서 시작되었다. 이후 지원자를 받아 최소 2주에서 최장
3개월간 함께 일하고 여행하는 정기 프로그램을 운영하고
있으며, 해커 파라다이스의 운영진은 참가자들에게 숙소와
협업공간, 각종 커뮤니티 프로그램 등을 제공한다.

참가자들의 일과는 대략 이렇다. 카페나 숙소, 협업공간 등 각자
일하고 싶은 곳에서 일을 하고, 여가 시간에는 시간이 맞는
사람들끼리 바닷가로 서핑을 하러 가거나 산으로 하이킹을
떠난다. 함께 요가를 하러 다니는 팀도 있고, 현지 단체와
봉사활동을 하는 팀도 있다. 관심사가 비슷한 사람들끼리
돌아가며 마케팅이나 프로그래밍 관련 워크숍을 진행하기도
하고, 매주 한 번씩 있는 팀 식사와 데모 데이에서는 자신이 진행

중인 프로젝트 이야기를 나누며 시간을 보낸다.

해커 파라다이스를 시작으로 비슷한 서비스가 쏟아져 나오고 있는데, 특히 공격적인 사업 확장으로 세간의 주목을 받고 있는 곳이 바로 2015년 1기 프로그램을 진행한 리모트 이어Remote Year다.

리모트 이어 역시 해커 파라다이스와 마찬가지로 지원서를 접수하고, 선발된 사람들이 정해진 일정에 따라 함께 여행하고 일하는 프로그램이다. 최종 선발된 참가자들은 1년 간 한 달에 한 곳씩, 총 12개의 도시를 여행한다. 주최측의 사전 조사를 거친 행선지와 숙소, 협업공간과 커뮤니티를 위한 별도 프로그램을 함께 제공한다. 리모트 이어의 1기 프로그램은 75명의 최종 참가자와 함께 2015년 프라하에서 일정을 시작했다. 이후 2016년 10월 리모트 이어는 1천 2백만 달러 규모의 투자 유치에 성공하면서 80여 명의 직원을 가진 회사로 급격히 성장했다.

프로그램의 참가자 상당수는 처음으로 장기 여행을 떠나거나 일과 여행을 병행하는 경험이 처음인 사람이 많았다. 이미 충분히 원격으로 일할 수 있는 상황임에도 불구하고 선뜻 길을 떠나지 못하고 있던 사람들, 또는 홀로 낯선 곳에서 지내기보다 커뮤니티에 속해 있기를 선호하는 사람들이 주된 참가자다. 사전 리서치 과정에서 참가자들에게 직접 들은 바에 따르면, 프로그램에 참가하려고 보직을 변경하는 등 회사나 클라이언트와의 조율을 거친 참가자들도 많았다.

물론 이미 홀로 여행과 일을 병행해 온 사람들은 이러한 프로그램에 참가비를 납부할 필요성을 전혀 느끼지 못하기도 한다. 그렇기 때문에 이런 회사들이 제공하는 서비스가 과연 그 가격만큼의 값어치를 하느냐를 주제로 온라인 상에서 종종 갑론을박이 벌어지기도 한다. 리모트 이어의 경우 참가비와

디지털 노마드는 어디에서, 어떻게 일하고 살아갈까

보증금으로 5천 달러를 첫 달에 먼저 납부하고, 나머지 11개월간 매달 2천 달러를 납부한다. 숙소와 협업공간, 프로그램 비용이 모두 포함된 가격이라고는 하나 많은 경우 이보다 더 저렴한 가격에 혼자서도 충분히 여행과 일을 병행할 수 있는 것도 사실이다. 또 사람에 따라 다수의 낯선 사람들과 정해진 기간 동안 함께 여행하고 한 공간에서 일하는 경험에 크게 호불호가 갈리기도 한다.

이런 서비스들은 월 200~300만 원이 훌쩍 넘는 월세를 자랑하는 샌프란시스코나 런던 같은 대도시에서 지내던 사람, 홀로 장기 여행을 해본 경험이 없는 사람 또는 커뮤니티에 큰 의미를 부여하는 사람들에게 매력적일 수 있다. 또한 전체 여행 일정 수립부터 안전과 인터넷 속도 등 사전에 점검된 숙소와 협업공간, 사소하지만 중요한 현지 심카드 제공과 같은 서비스에 기꺼이 비용을 지불하려는 사람들이 고려할 만한 선택지이기도 하다.

디지털 노마드를 대상으로 한 크루즈 여행 역시 여러 곳에서 진행 중이다. 잘 알려진 곳들 중 하나가 바로 다큐멘터리에도 잠깐 등장하는 노마드 크루즈Nomad Cruise로, 대개 스페인 방면에서 출항해 중남미에서 일정을 마무리한다. 상당수의 참가자들은 항해가 끝난 후에도 삼삼오오 그룹을 만들어 갓 도착한 새로운 대륙을 함께 여행하기도 한다. 노마드 크루즈의 경우 한 번에 약 150여 명의 참가자를 받아 1~2주에 걸쳐 항해를 하며, 크루즈선에 따라 선상 와이파이가 제공되는 경우와 그렇지 않은 경우가 있다. 항해 기간 동안 각종 세미나와 컨퍼런스 등을 함께 진행한다.

사실 노마드 크루즈는 오랜 시간 계획하거나 준비해온 것이 아니라, 아주 우연한 기회에 시작된 비즈니스다. 노마드

크루즈를 기획한 요하네스 뵐크너Johannes Voelkner는
인터뷰에서 이런 이야기를 들려 주었다.

어느 날 스페인 라스 팔마스에서 브라질로 향하는 크루즈 여행이
아주 말도 안되게 저렴한 가격에 판매되고 있는 걸 발견했죠.
정해진 편도 크루즈 여행이 끝난 다음 배는 원래 출발지로
돌아가야 하는데, 텅 빈 채로 돌아가는 것보다는 사람을 태우는
편이 나으니까 아주 저렴한 가격에 표를 판매하는 거에요.
크루즈를 타고 다른 대륙으로 이동한 다음, 거기에서 여행을
하려는 주변 디지털 노마드 친구들을 모으기 시작했는데,
순식간에 100명이 넘는 사람들이 함께하길 원했죠. 그 후부터는
크루즈에서 다 함께 즐길 수 있는 여러 세미나, 워크숍, 컨퍼런스
등을 준비해서 함께 진행하고 있어요. 전 세계에서 다양한 직업을
가진 사람들이 몰려들고 있고요.

요하네스 뵐크너

이렇듯 디지털 노마드, 원격근무 시행사 등을 타겟으로 한
새로운 시장이 형성되면서 다양한 형태의 서비스들이 우후죽순
생겨나고 있다. 그중에는 흥미로운 곳들도 있지만, 미심쩍어
보이는 곳들도 적지 않다. 특히 여행 그룹, 캠프, 세미나,
컨퍼런스 등은 특별한 기술이나 자격 없이도 당장 시작할 수

있는 사업 특성과 상대적으로 쉬운 시장 진입 탓에 함량 미달의
서비스는 물론 서로가 서로를 그대로 베낀 유사 서비스들이
수도 없이 나타나 각축전을 벌이고 있다. 과연 어떤 서비스들이
차별화된 가치 제공으로 살아남을지, 기존의 여행 산업과는 어떤
식으로 접목해 나갈지, 원격근무자들의 증가와 함께 이 시장이
어떤 모습으로 바뀌어 나갈 것인지 많은 이들이 그 변화를
주시하고 있다.

노마드에게 열려 있는 도시들

+ + +

새로운 성장 동력, 세수
확대, 고용 창출, 기술
전파와 국내외 교류를
통한 시너지 효과 등,
정부의 입장에서 전 세계의 다양한 인재와 기업 영입에 힘쓸
이유는 셀 수 없이 많다. 그리고 보다 많은 사람들이 자유롭게
이동할 수 있는 환경이 마련된 지금, 국가와 지자체들의 유치
경쟁은 더욱 세분화되고 심화되고 있다.

가령 칠레는 정부와 경제개발청이 함께 '스타트업 칠레Start-up
Chille'라는 프로그램을 운영하고 있다. 이 프로그램은 칠레를
기점으로 글로벌 진출을 계획하는 예비사업자 또는 사업 운영

초기 단계의 스타트업을 대상으로 한다. 국적에 관계 없이 누구나 프로그램에 지원할 수 있으며, 최종 참가팀에게는 약 3만 달러의 착수지원금과 작업 공간, 취업비자와 각종 창업 활동을 지원한다. 참가자들은 6개월 또는 그 이상 칠레에 체류하며 창업 활동을 하고, 현지 강연이나 워크숍에 참여함으로써 현지에 창업 문화를 전파하는 여러 활동을 함께한다. 2010년에 시작한 스타트업 칠레는 세계 각지에서 연간 약 3백 개 기업을 선발하고 있으며, 페루, 브라질과 같은 중남미 이웃나라들은 물론 세계 곳곳에서 칠레의 스타트업 프로그램을 벤치마킹 하는 사례가 점차 늘고 있다.

칠레가 국가 정부 차원에서 기업과 인재를 끌어 모으고자 노력하는 대표 사례라면, 일본 도쿠시마德島 현처럼 도시 단위의 흥미로운 시도들도 속속들이 나타나고 있다. 도쿠시마 현은 인구 약 76만 명의 지역 도시로, 인구감소와 노령화로 급격히 쇠퇴하고 있던 곳이었다. 특출난 자원이나 관광 상품도 미비한 이 도시를 되살릴 방안을 찾던 도쿠시마 현 지자체는 2011년 인구 1천 만의 도쿄와 맞서겠다는 뜻의 'vs 도쿄'를 기제로 내세우며 '광통신망 왕국 도쿠시마 프로젝트'를 시작했다. 도시 전체의 광통신망에 집중 투자하고 IT 인프라 구축에 노력을 기울이는 것은 물론, 전체 인구의 절반 이상을 차지하던 65세 이상 노년층에게 IT 교육을 함께 실시한 것이다. 이를 통해 깊은 산 속에서도 문제 없이 터지는 광통신망을 이용해 노트북과 태블릿 PC를 들고 다니며 각종 특산물을 온라인으로 거래하는 70, 80대 노년층이 생겨났다.

이 소식을 들은 스타트업, IT 업계 종사자들, 예술가, NGO 등 다양한 사람들이 일본 각지에서 도쿠시마 현으로 몰려들었다. 2015년 하반기 기준 도쿠시마 현으로 이동한 IT 기업은

30여 개에 이른다. 그중에서도 특히 도쿠시마 현의 인구 6천 명 남짓의 작은 마을 가미야마神山에는 약 9개의 IT회사들이 줄지어 자리를 잡았다. 젊은 기업을 적극 유치한 도쿠시마 현은 이제는 청년들의 '귀농귀촌 1번지'로 각광받고 있다. 도쿄의 본사와 원격으로 협업하는 지사도 있으며, 원격근무를 통해 고향을 떠나지 않고도 일하는 사람들이 생겨나면서 도쿠시마 현의 실험은 도시 전체를 완전히 새로운 모습으로 탈바꿈 시켰다. 활발한 현지 채용이 일어난 것은 물론 국외에서도 도쿠시마 현에서 일하고 살아보고자 찾아오는 이들이 생겨났다. 인구 감소로 인해 늘어만 가던 빈집과 마을의 흉물이 되어버린 폐가는 도쿠시마 현의 주도 하에 위성 사무실Satellite Office로 새롭게 태어났다.

대도시로의 집중화는 이제껏 수많은 지방 중소 규모 도시를 발전과 혁신, 그리고 생존에서 소외시켜 왔다. 당장 국내만 해도 젊은이들이 하나둘 떠나가며 쇠퇴하고 있는 지방 소도시들을 쉽게 찾아 볼 수 있다. 디지털 노마드와 원격근무는 대도시 집중화를 해소함으로써 지방 중소도시들에 새로운 기회의 창이 될 수 있다. 원격근무가 가능할 때 사람들은 고향을 떠나고 싶지 않아서, 자연 환경이 좋아서, 생활비가 월등하게 저렴해서, 음식이 좋아서 등 수많은 이유들로 구석구석 숨어 있던 수많은 중소도시들을 재발견할 수 있다. 그리고 이는 지금껏 소외되어 있던 중소도시들에게 새로운 활력과 지속 가능한 발전의 방향을 제시할 수 있을 것이다.

그렇다면 우리나라는 어떨까? 도시와 지역 간의 경제 활동 격차가 상당한 대한민국에서는 아쉽게도 원격근무를 활용한 실험이나 성과를 찾아보기 힘든 것이 현실이다. 그런데 최근, 제주시가 이러한 흐름을 인지하고 해외의 협업공간을

벤치마킹하는 등 혁신을 꾀하는 매우 흥미로운 움직임을
시도했다.

올레길의 열풍이 불기 이전부터도 제주는 많은 이들에게
대도시의 일상에서 벗어나 숨을 돌릴 수 있는 공간으로
사랑받아 왔다. 지금은 카카오가 된 다음이 제주도에
인터넷지능화연구소Net Intelligence Lab를 열고 제주도로
본사를 이전하는 '즐거운 실험'을 시작한 것 역시 벌써 10년도
더 전인 2004년의 일이다. 따뜻한 기후, 볼거리와 할 거리가
넘쳐나는 도시와 어우러진 아름다운 자연 환경, 어디서든 초고속
인터넷망을 사용할 수 있는 훌륭한 인프라를 갖춘 이 섬은
노마드리스트에서도 항상 높은 순위에 올라와 있다.

다양한 삶의 방식을 시도해 보려는 사람들의 제주 한 달
살기 프로젝트 등이 이어지며 관광이 전부가 아닌, 삶과 일의
공간으로 제주를 바라보는 사람들이 증가하기 시작했다.
프리랜서, 창업자, 예술가, 다양한 직종에 종사하는
원격근무자들의 발길이 제주로 향하면서 최근 시, 도 정부
차원에서도 인도네시아 발리의 협업공간 후붓을 비롯한 아시아
각지의 관련 공간과 조직들을 벤치마킹하고, 업무 협약을
맺는 등 지원 활동을 시작했다. 제주시 내 무료 협업공간 운영은
물론 외부에서 제주를 찾는 스타트업과 예비 창업자들에게
게스트하우스 등을 지원하여 창업 활동을 독려하기도 한다.
제주의 실험은 과연 국내에서 다양한 삶의 방식을 시도하고자
하는 이들에게 어떤 또 다른 선택지를 제공할 것인지, 꾸준히
지켜보게 될 것 같다.

디지털 노마드 O/X

많은 사람들이 공통으로 묻는
디지털 노마드에 대한 질문
몇 가지가 있다. 앞서 이야기한
'디지털 노마드는 모두
개발자인가요?'를 비롯한 여러
오해와 궁금증에 대한 답변을
한자리에 모았다.

디지털 노마드는 항상 여행을 하는 거
아닌가요? ⓧ
"디지털 노마드에 대한 다큐멘터리
만들지 않았어요? 왜 지금 한국에
있어요?" 이런 질문을 받은 일이
있다. 어디서부터 어떻게 대답해야
하는지 난감한 순간이다.
디지털 노마드는 장소와 관계없이
일을 하고 살아갈 수 있는 '자유'에
대한 것이지, '끊임없이 방랑하는
여행자', '지구 반대편을 누비는
배낭여행자'를 가리키는 좁은 정의가
아니다. 정착과 이동을 번갈아
하는 사람들, 여러 도시에 근거지를
두고 옮겨 다니며 사는 사람들 등,
사람마다 상황에 따라 방식도
모양새도 각양각색이다. 디지털

노마드가 '끊임없이 여행을 하는
사람들'이라는 오해는 현실과도
매우 동떨어질 뿐만 아니라, 이들을
보편적인 사람들과는 다른 '특이한
사람들'이라는 편견으로 이어지기
쉽다.

디지털 노마드는 모두
프리랜서잖아요? ⓧ
국내에 원격근무 시행사가 드물기
때문에, 디지털 노마드라고 하면
특정한 소속 없이 자유로운
프리랜서만 가능한 이야기라고
오해하는 경우가 종종 있다.
또한 '디지털 노마드는 전통적인
방식으로 근무하는 일반 직장인에
비해 생계유지나 경력면에서 훨씬
불안정하다'는 오해 역시 '디지털
노마드는 프리랜서'라는 전제를 달고
나오는 이야기인데, 이건 사실과
다르다.
2010년 미국 인구조사에서 나타난
원격근무자 중 사기업에 소속된
이들의 비중은 59.5퍼센트,
프리랜서와 자영업자는 34.9퍼센트,
정부 기관에 소속된 이들의 비중은
5.6퍼센트로 나타났다. 오히려
기업의 원격근무 도입으로 과거에

비해 기업에 소속된 원격근무자의 비중이 증가하면서, 전체의 절반 이상을 차지하고 있다.
프리랜스 이코노미의 대두와 다양한 고용 형태가 증가하면서 앞으로 이들이 사기업에 소속된 원격근무자들의 수를 추월할 것이라는 예측 역시 가능하다. 그러나 지금 당장은 그 비중이 비슷하거나 오히려 적다.

디지털 노마드는 모두 젊은 사람, 밀레니얼 세대인가요? ⊗
이건 국내 미디어뿐만 아니라 외신에서도 한번씩 등장하는 대표적인 오해다. 특히 소유보다는 공유, 재화보다는 경험에 치중하는 '밀레니얼 세대'의 특징을 언급하며 디지털 노마드를 젊은 세대만을 가리키는 용도로 치환해서 사용하는 경우가 왕왕 보인다. 그러나 실상은 다르다. 미국 인구조사에서 관찰되는 가장 전형적인 원격근무자의 표본은 다음과 같다: 49세, 대졸, 성별무관, 연수입 약 5만 8천 달러, 100명 이상의 직원이 소속된 사기업 소속.
하버드 대학에서 디자인·행동과학을 강의하는 베스 앨트린저Beth

Altringer 교수가 2015년 시행한 조사를 보면, '상당수의 디지털 노마드가 최근 대학을 졸업했거나 이제 막 사회에 나온 밀레니얼 세대일 것이라는' 연구 전 예상과는 달리, 조사 참가자 중 34퍼센트만이 밀레니얼 세대인 것으로 나타났다. 이는 플렉스+스트래티지 그룹의 조사에서도 비슷하게 나오는데, 풀타임 원격근무자들 중 밀레니얼 세대는 35퍼센트, X세대는 30퍼센트, 그리고 베이비부머의 비중은 30퍼센트로 나왔다. 즉, 풀타임 원격근무자 중 밀레니얼이 아닌 연령층이 최소 60퍼센트 이상이라는 것이다.
흔히들 '새로운 업무 형태와 유연한 기업 문화'를 매우 강하게 추구하는 세대가 바로 밀레니얼 세대라고들 하지만, 실상은 이들에 비해 경력이 있고 전문성이 있는 경력자 층이 오히려 고용주 또는 클라이언트와 업무 형태나 조건을 협상하기 유리하다. 특히 자녀가 있는 이들의 경우 가족과 더 많은 시간을 보내고 싶어하는 경우가 많고, 이를 위해 원격근무가 허용되는 곳으로 이직하는 경우도 있다.

Part 3

앤드류

출발하는 시대

준비하며

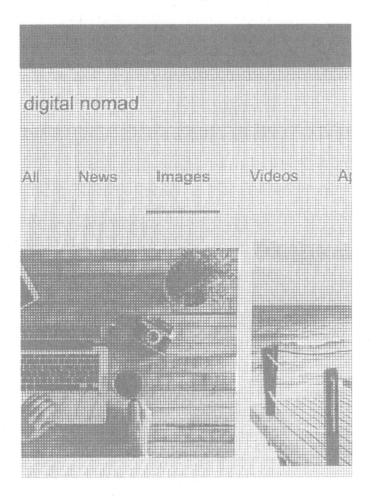

환상 너머, 디지털 노마드의 회색지대

빛이 있으면 그림자가 있기 마련이다. 이번 장은 디지털
노마드의 흐름과 함께 떠오른 여러 문제들 그리고 미처 완비되지
않은 시스템에 대해 좀 더 자세히 이야기해 보고자 한다. 디지털
노마드를 삶의 한 형태가 아닌 그럴싸한 환상으로 포장해
판매하는 사람들, 눈감고 지나칠 수 없는 세금과 비자 문제,
그리고 이 이면에 자리잡은 불공평과 상대적 약자들의 이야기를
정리했다.

환상과
꿈팔이

+ + +

미디어에서 보여 주는 디지털
노마드의 삶은 달콤하다. 자유롭게
여행하는 방랑자, 해변에서
노트북을 펼쳐 놓고 칵테일을 마시는 여유롭고 꿈만 같은
생활. 구글에서 한글로든 영어로든 '디지털 노마드'를 검색했을
때 가장 먼저 볼 수 있는 것들이 바로 이런 이미지들이다.
다큐멘터리를 기획하며 리서치 과정에서 내가 느꼈던 기묘한
위화감 역시 이런 콘텐츠들 탓이 컸다. 개중에는 디지털
노마드에 대한 허황된 이미지를 양산하고 이를 돈벌이로
이용하는 사람들도 등장하여 많은 비판을 받고 있다. 자칭
'라이프 코치', '라이프스타일 컨설턴트' 등 이름도 직함도
각양각색이지만, 사람들이 자칫 갖기 쉬운 환상들, 요행을 미끼
삼아 쉬운 돈벌이를 한다는 점에서 그들은 모두 '꿈팔이'들이다.
온라인 음반회사 CD베이비CD Baby의 창업자 데렉
시버스Derek Sivers의 말을 들어보자.

**많은 이들이 디지털 노마드를 하나의 라이프스타일로 가공해
판매하는 데서 수익을 얻습니다. 지나치게 과장된 광고가 많아요.
사실 디지털 노마드는 '도시의 아파트와 시골의 주택 중에**

무엇을 택할까' 같은 고민에 더 가깝습니다. 어떤 삶의 방식이 더 우월하거나 한 게 아니에요. 그저 무엇을 더 선호하는가의 문제일 뿐인 거죠.

데렉 시버스

'디지털 노마드로 사는 법'을 알려주겠다는, 배경도 경력도 알 수 없는 사람들. 각종 캠프와 워크숍, 온라인 강의와 라이프 코칭 서비스 등은 온라인에서 디지털 노마드를 검색했을 때 가장 쉽게 볼 수 있는 콘텐츠들이다. 다큐멘터리를 제작할 때만 해도 이런 건 모두 서구권에서 볼 수 있는 콘텐츠였다. 그런데 최근 국내에서도 디지털 노마드가 되어 '쉽고 빠르게' 돈을 버는

방법을 가르쳐 주겠다는 내용의 광고들이 온라인에 등장하기 시작했다. '직장을 그만두고 나만의 비즈니스로 디지털 노마드가 되는 법'이라든가, '사무실에서 탈출해서 내가 꿈꾸던 삶 찾기' 등 광고 문구도 각양각색이다. '자아를 찾고' '열정을 좇으라' 말하는 이런 '꿈팔이'들은 온라인에서 특정한 기술 없이도 시도할 수 있는 각종 정보 상품들, 다단계 마케팅, 많은 위험 부담이 따르는 자영업, 사기성 온라인 마케팅과 어뷰징* 등을 마구잡이로 권유하며 당장에라도 큰 돈을 벌어 꿈같은 디지털 노마드의 삶을 살 수 있다는 말도 안 되는 광고로 사람들을 현혹한다.

abusing: 포털 사이트 등에서 클릭 수, 검색어 순위 등을 조작하는 행위

이런 사람들이 대거 등장한 것은 2007년, 팀 페리스의 책 <4시간>이 베스트셀러에 오른 이후부터다. 이 책은 '온라인

비즈니스를 통해 어디에서든 일하며 자유로운 삶을 누리라'는
메시지를 담고 있는데, 이 책이 큰 성공을 거두면서 온라인
비즈니스와 디지털 노마드에 관심이 높아졌고 이를 돈벌이에
이용하려는 온라인 강좌 등 각종 유사 정보 상품들이 기승을
부렸다. 그리고 이런 강좌를 구매한 사람들이 다시 그대로
똑같은 내용의 정보 상품을 만들어 파는 일이 반복되면서 마치
피라미드 사기에 가까운 구조를 띠며 비판을 받기 시작했다.

　　<뉴욕타임스>의 베스트셀러 작가 마크 맨슨은 다큐멘터리 인터뷰에서
어떻게 이러한 현상이 반복, 확산되었는지 설명을 거들었다.

**쉽게 말하면 이런 거죠. '와, 디지털 노마드란 건 멋지구나!
흠, 내가 어디서든 살고 싶은 곳에서 살 수 있도록 웹사이트를
만들거나 회사를 만들어야겠다. 무엇으로 돈벌이를 해야 할까?
아하, 어떻게 하면 해변에서 꿈같이 살면서 내 자신의 열정을
좇는 삶을 살 수 있는지 이야기해서 팔면 되겠구나!' 그리고 많은
이들이 이를 실행에 옮깁니다. 그리고 아직 디지털 노마드에
대해 들어보지 못한 나머지 사람들 중 많은 이들이 이런 서비스에
돈을 지불해요. 이런 구매자들은 '그럼, 디지털 노마드의 꿈같은
삶을 누리기 위해서는 이제 뭘 해야 할까?'라고 스스로에게
묻습니다. 상당수 결론은 이렇게 나죠. '흠,
어떻게 하면 주도적으로 자기 인생의 주인이
되어 해변 위의 삶을 즐길 수 있는지 그 방법을
알려주겠다는 내용의 웹사이트를 시작하면
되겠군!'
마크 맨슨**

구글 검색 결과의 노출 순위를 조작하는 불법
SEO 마케팅*, 합법과 불법의 경계를 넘나드는

*　검색 엔진 최적화 Serach Engine
Optimization: 본래의 의미는 웹사이트를
주제와 내용에 알맞게 효과적으로 검색
엔진에 노출될 수 있도록 구성하는
작업을 의미한다. 이를 화이트 햇(white
hat) SEO라고 하는데, 이와 달리 내용과
상관없는 인기 검색어를 마구잡이로 넣는
등 사기성 기법으로 검색 순위를 조작하는
행위를 블랙 햇(black hat) SEO라고 부른다.

다단계 사업들, 제휴 마케팅*, 드롭 쉬핑** 등 이들이 제안하는 비즈니스는 대부분 별다른 기술이 필요하지 않고 진입장벽이 낮으며, 위험 부담이 크고 소득은 낮은 것들이 대부분이다.

그리고 이런 직군의 종사자들이 스스로를 디지털 노마드로 부르며 물가가 저렴한 몇몇 동남아시아 국가로 대거 몰려드는 현상이 이어졌다. 이들은 비자런***을 반복해 장기 체류하며 현지 비자 시스템을 교란시키고, 일부는 탈세와 현지 성매수까지 일삼으며 문제가 되었다. 이들로 인해 디지털 노마드는 고국에서 경제 활동을 할 능력이 없는 사람들, 탈세를 하며 비도덕적인 온라인 비즈니스를 운영하는 사람들이라는 불명예스러운 딱지를 일부 얻게 되었다.

2015년, 하버드 대학교에서 디자인·행동과학을 강의하는 베스 앨트린저Beth Altringer 교수는 디지털 노마드들의 커리어와 재정 계획에 관한 글로벌 조사를 시행했다. 그는 조사 대상자들을 월 소득에 따라 상, 중, 하 계층으로 나누어 이들의 재정 상태와 커리어 관리 현황을 분석했는데, 중하위 계층의 60퍼센트 가까이가 약 6만 달러, 우리 돈으로 약 7천만 원에 달하는 채무를 지고 있음을 발견했다. 그리고 최하위 계층에서 가장 쉽게 관찰되는 직업은 온라인 세일즈와 온라인 마케팅, 라이프 코칭, 그리고 블로깅이었다. 이 조사 결과만 봐도 이러한 '꿈팔이'들의 현실은 그들이 판매하는 허황된 정보 상품의

* affiliate marketing: 국내에서도 여러 논란을 일으킨 파워 블로거 등을 떠올리면 된다.

** drop-shipping: 전자상거래 상의 배송대행. 해외 온라인쇼핑몰 운영자 또는 해외 오픈마켓 판매자들이 상품 공급업체와 제휴하여 판매자들이 해외마켓 판매를 통해 주문을 받고 공급업체에서 해외 구매자에게 직접 배송하는 형태를 말한다.

*** visa run or visa clear: 적법한 비자발급을 통한 체류가 아닌, 무비자 체류 허용기간이 끝나기 전 인근 국가를 경유하는 식으로 장기 체류를 하는 행위를 일컫는다.

이미지와는 판이하게 다르다는 것을 확인할 수 있다.

디지털 노마드는 이들이 광고하는 것처럼 매일 여행하는
자유로운 영혼을 가진 방랑자도, 새로운 삶을 사는 개척자,
또는 시대를 앞서 나가는 아웃사이더도 아니다. 다른 대부분의
직장인들이 그러하듯, 때론 스트레스도 받으며 생계 유지를
위해 매일 책상 앞에서 일하고, 그 와중에도 오늘 점심은
무엇을 먹을까 같은 소소한 고민을 하며 살아간다. 즉, 디지털
노마드도 똑같이 경제 활동을 하며 일상을 살아가는 평범한
사람들인 것이다. 나도 그러했고, 원격근무를 하는 많은 이들이
스스로를 디지털 노마드라고 인지조차 하고 있지 않은 경우도
많다. 똑같이 일하고 또 살아가는 사람들이지만 회사가 마침
원격근무를 시행하는 곳이거나, 운 좋게 상사와의 협상에
성공했거나, 원격근무 시행사로 이직했거나, 클라이언트를
잘 만났거나, 장소에 크게 구애 받지 않고도 운영 가능한 자신의
사업체가 있는 상황일 뿐인 것이다. 그리고 앞에서 이야기했던
것처럼, 시대와 기술의 변화에 따라 이런 사람들의 수가 갈수록
늘어나고 있다는 것, 그 이상도 이하도 아니다.

물론 자신의 스타트업을 수십 억에 매각한 후 하루하루를 꿈같이
여행하며 보내는 몇몇 사람도 있긴 하다. 그러나 이런 성공한
업계 인사는 꼭 디지털 노마드가 아니어도 우리 사회 어디에나
있지 않은가. 디지털 노마드의 삶이 무슨 대단한 노하우나,
비밀이라도 되는 양 돈을 주고 온라인 강의를 듣고, 캠프나
워크숍에 참가해야 한다는 건 마치 '직장인이 되는 방법'에 대한
워크숍을 듣는다는 발상만큼이나 황당하다.

세금과
비자

+ + +

여기서 잠깐, 전혀 재미있지 않은
질문 하나를 해볼 시간이다.

A국가에서 나고 자란 사람이 있다고 하자. 이 사람은 B 국가
소재 회사의 직원인데, 이 회사는 원격근무가 가능해서 그는 C,
D, E 등지의 국가에서 지내며 일을 한다. 이 경우 이 사람은 어떤
국가에 어떻게 세금을 납부해야 하는가?

이 질문에는 수많은 답변이 있다. A, B, C, D, E 각각의 국가가
어디냐에 따라, 국가 간 이중과세 방지 협약과 같은 각 국가 간
조약에 따라, A국가와 그 이외의 국가들에 각각 머무는 기간,
비자 형태에 따라, 또 회사가 이 사람을 고용한 형태와 이 회사의
A국가 내 법인 유무 등에 따라 답변은 천차만별로 달라진다.
하다못해 이 사람의 납세 의지가 얼마나 강한지 아니면 적당히
입 싹 닦고 모른 척 하면서도 별 양심의 가책이 없는지까지도
상황에 영향을 미친다.

점점 더 많은 사람들이 다양한 곳에서 일을 하며 살아가고 있고,
점점 더 많은 원격근무 시행사들 역시 물리적 위치에 제한을
두지 않고 다양한 곳에서 직원들을 채용하는데, 이들을 위한
납세 시스템은 완비되어 있지 않은 것이 현재의 상황이다.

이 때문에 다양한 국가에서 직원을 채용하는 원격근무 시행사들의 경우 한 국가 출신의 직원이 일정 수를 넘기면 현지에 법인을 세워 납세 문제를 처리하는 경우도 있고, 회사 차원에서 현지 세무사와의 상담 비용을 지원하는 경우도 있다. 그러나 회사에서 이런 시스템을 지원받지 못하는 경우, 또는 프리랜서나 개인사업자의 경우 때때로 불법과 합법 사이 모호한 회색 지대가 만들어지고, 상당수의 디지털 노마드들이 자각도 하지 못한 상태에서 이 회색 지대 안에 발을 들여놓고 있다. 물론, 매우 적극적으로 이 회색 지대를 활용해 탈세하는 이들 역시 존재한다.

미국의 경우 확실한 납세 규정이 있다. 미국 시민권자는 미국에 머무르지 않더라도, 모든 수익이 국외에서 오더라도, 운영 중인 사업이 미국과는 아무런 관련이 없다 하더라도 전 세계에서 발생하는 소득에 대해 반드시 미국에 납세를 해야만 하는 의무가 있다. 한국의 경우에는 한국 거주 일수 등에 따라서 세금 납부 의무가 나뉜다. 국적에 관계 없이 2년 내 183일 이상 거주할 시 세금 보고 의무가 발생한다. 그러나 여전히 복잡한 세금 문제에 행정 시스템이 즉답을 가지고 있지 않은 경우가 많고, 개개인의 상황에 따라 경우의 수 역시 셀 수 없이 많다. 바로 그렇기 때문에 온라인 커뮤니티나 지인에게 얻은 조언을 무턱대고 받아들이지 말고 꼭 전문 지식을 갖춘 세무사의 도움을 받는 게 좋다.

비자 역시 민감한 주제다. 나라마다 다르지만 대한민국 여권 소지자의 경우, 170여 개의 국가에 무비자 또는 도착비자로 일정 기간을 체류할 수 있다(1개월, 3개월, 때로는 300일 이상 체류가 가능한 곳도 있다). 그렇다면 가령 취업 비자나 취업 허가증working permit 없이 관광 비자 혹은 무비자로 체류하면서 월요일부터 금요일까지 다른 나라에 위치한 회사의 업무를 원격으로 처리하는 직원 A는 과연 범법자일까 아닐까?
관광으로 주로 시간을 보내지만 짬짬이 협업공간에 들려 자사의
업무를 처리하는 사업자 B는 과연 어떨까? 이 경우 관광과
업무에 각각 소비하는 시간의 비율에 따라 범법 유무를 결정해야
하는지, 애초에 그것이 가능하기나 한지? 무비자 체류의 경우
해당 국가에는 세금 한 푼 내지 않는데 과연 현지에서 어떤
식으로든 소득 활동을 하는 것이 정당화될 수 있는지? 의견이
분분할 수밖에 없다.

특히 비자런은 계속해서 많은 논란이 있는 문제다. 비자 만료
기간이 다가올 때쯤 근처 나라에 잠시 들렀다가 바로 돌아와서
다시 무비자 혜택을 받는 행위를 '비자런' 또는 '비자 클리어'라고
하는데, 여러 나라에서 상습 비자런 남용에 대한 단속이 갈수록
강화되고 있다. 태국 경찰은 이미 이를 불법으로 간주하고
있는데, 무비자로 장기 체류하는 외국인의 불법 취업과 범죄
발생 등에 대처할 때의 애로사항을 생각하면 당연한 조치다.
그럼에도 불구하고 여전히 암암리에, 때때로 공공연히 비자런은
이뤄지고 있다. 또 비자런을 위한 교통편 등 관련 서비스를
제공하는 에이전시들도 여전히 기승을 부리고 있다.

게다가 비자런 단속을 피해 태국어 학원 등에 돈을 주고 학생
비자를 발급 받은 뒤 수업에는 나가지 않는 등 편법으로
몇 년씩 장기 체류하는 사람도 있다. 이런 다양한 편법들이
가진 공통점은 바로 무료 또는 최소한의 비용으로 한곳에 장기
체류한다는 것이다. 이런 케이스는 아주 저렴한 물가 대비
상대적으로 만족스러운 삶의 질이 보장되는 몇몇 지역에서 매우
높은 빈도로 관찰되는데, 그중 가장 대표적인 곳이 바로 태국의
치앙마이다. 앞서 이야기한 최하위 소득 계층이 속한 직업군의
비율이 높게 나타나는 곳이기도 하다. 이들을 태국 현지에서는
과연 어떻게 바라보고 있을까? 태국에서 메이커 스페이스

타일랜드Makerspace Thailand를 운영하고 있는 나티 생Nati Sang은 인터뷰에서 이런 말을 남겼다.

> **만약 당신이 태국에 상당한 기간 동안 머무르고자 한다면, 어떤 식으로든 이 나라에, 현지 사회에 공헌을 할 수 있는 방법을 찾아야 하지 않을까요? 그리고 납세는 이를 보여주는 가장 직접적인 의사표현일 겁니다. '이 나라에 장기간 머무르고 이 나라의 기간 시설을 이용하고 싶지만, 그 어떤 것도 공헌하고 싶지는 않아요'라는 말은 전혀 설득력이 없죠.**
> 나티 생

여러 디지털 노마드들 역시 이런 문제의 심각성과 현 시스템에 대한 비판의 목소리를 높이고 있다. 제대로 갖춰진 시스템도, 대안도 없이 그나마 최대한 적법한 상태로 한 나라에 체류하기 위해서 개개인에게 요구되는 시간과 비용이 만만치 않기 때문이다. 매년 원격근무 시행사가 늘어나고, 온라인 비즈니스 역시 급격히 늘어나고 있다. 세계를 여행하는 사람들의 수도 날로 증가하는 오늘날, 점점 더 여행과 일상의 경계는 허물어질 수밖에 없다. 그러나 현재 많은 국가의 비자 정책은 범법 의도가 전혀 없는 사람들마저 순식간에 범법자로 만들어 버린다는 비판의 목소리가 높다.

> **범용 비자universal visa 프로그램이 있었으면 좋겠어요. 방문국가에도 이득이 될 수 있도록 일정 금액을 정해서요. 개인적으로는 비싼 금액이라도 전혀 관계 없다고 생각해요. 매번 제대로 된 공지 없이 시시때때로 절차가 바뀌고, 때로는 정부의 공식 홈페이지에서도 아무런 정보를 얻을 수 없는 들쭉날쭉한 비자 정책들 때문에 고생한 적이 한두 번이 아니거든요. 범용**

비자가 나오고, 그 내용과 신청 절차를 온라인에 게시해 주면
얼마나 좋을까 자주 상상해요.

제레미 오로즈코

많은 디지털 노마드들이 원격근무자를 위한 비자 프로그램을
원하고 있다. 허바의 공동 창업자 아마리트 차론판은 디지털
노마드와 원격근무 시행사가 늘어남에 따라 점차적으로
이 문제도 수면 위로 올라올 것이라 예상한다.

디지털 노마드가 새로운 일과 삶의 형태로 자리잡으면 새로운
시장이 형성될 것이고, 이들을 위한 비자 프로그램도 필연적으로
논의할 수밖에 없겠죠. 실제로 스타트업 붐이 일면서 많은
나라에서 창업 비자를 내놓고 있는 것처럼요. 현지 창업가,
스타트업이 디지털 노마드들과의 교류에서 오는 시너지 효과를
알고, 이를 확대하고자 노력할 때 현지에서도 새로운 비자
프로그램의 필요성에 대한 목소리가 높아질 겁니다. 그리고
한 국가에서 이런 프로그램을 시작하면 다른 나라들 역시 이를
따라 하는 연쇄 반응이 일어나기 마련이지요.

아마리트 차론판

칠레는 '스타트업 칠레'와 같은 자국에 와서 창업을 하는
외국인의 현지 체류와, 때로는 창업까지 함께 지원하는 비자
프로그램을 운영하고 있으며, 스페인 역시 창업가를 위한 비자
프로그램을 활발하게 운영 중이다. 국경을 넘나들며 살아가는
사람들이 나날이 늘어나고 있는 지금, 비자 프로그램의 개선이
각 국가에 주어진 시급한 과제로 대두될 날이 머지 않았다.

젠트리피케이션과 신식민주의

+ + +

디지털 노마드는
원격근무를 통해
자신에게 보다 적합한 환경을 찾아 이동함으로써 자신의 삶을
적극 개선하고자 하는 사람들이다. 그런데 이렇게 자기 자신,
한 개인의 행복만을 최우선으로 추구하는 삶의 방식에는
필연적으로 딜레마가 생겨난다. 이들의 자유로운 '이동'이
현지에 끼치는, 결코 무시할 수 없는 영향 때문이다.

**현지인들로부터 디지털 노마드들에 대해 불평하는 이야기를
전해들을 때가 있습니다. 특히 저렴한 물가 때문에 많은
디지털 노마드가 몰리는 도시에서 이런 이야기가 자주 나오죠.
노마드들이 오고 나서부터 주거비를 포함한 생활비가 부쩍
올랐다는 이야기도 많고요. 치앙마이 같은 태국 북부 도시들은
외지인들이 몰려오면서 현지인들은 더 이상 살기 어려워진
동네도 있어요.**
카이 로Kai Law (전자상거래 운영자)

현지 사람들과 현지 문화, 그리고 현지 사회와의 상생 여부는

매우 민감한 문제다. 특히 평균 소득 수준이 낮은 개발도상국에 상대적으로 부유한 외지인이 유입되면서 현지 물가가 급등하고, 젠트리피케이션으로 이어지는 사례를 곳곳에서 어렵지 않게 볼 수 있다. 또 이런 도시에 위치한 협업공간에서 두드러지게 드러나는 특징이 바로 그 공간을 이용하는 사람들 대다수가 선진국 출신의 외국인이라는 점이다. 공간을 관리하는 스태프들을 제외하면 협업공간에서 일하는 현지인은 찾아보기 힘들고, 당연히 현지인이나 현지 커뮤니티와의 교류 역시 일어나기 어렵다.

'그게 뭐가 문제지?'라는 생각이 든다면, 한번 입장을 바꾸어 생각해 보자. 아름다운 제주에 제주민은 없고 외국인만 가득한 공간과 동네가 생긴다면, 이 외지인들로 인해 물가와 부동산 가격이 올라 현지인들은 점차 갈 곳을 잃고 제주의 고유 문화도 퇴색되어 간다면, 과연 어떨까?

앞서 이야기한 협업공간 중에 태국 방콕에 위치한 허바가 인상적이었던 까닭은 바로 이 때문이었다. 허바의 경우 현지인과 외지인의 비율이 비슷한 정도로 유지된다. 그만큼 커뮤니티의 분위기 역시 독특하고, 현지 채용과 원격근무 채용, 세미나와 같은 각종 교류 역시 활발하게 일어나는 모습을 관찰할 수 있다. 그러나 이마저도 같은 태국의 도시지만 방콕에 비해 현지 스타트업 붐의 영향이 아직 미치지 못했고, 전체적으로 현지인의 소득 수준이 매우 낮은 북부 도시로 가면 월등하게 많은 수의 외국인들이 자리를 지키고 있는 협업공간의 풍경을 마주한다. 이는 비단 협업공간에서만이 아니라 디지털 노마드 커뮤니티 전체에서도 확연히 나타나는 현상이다. 그리고 바로 여기에서 디지털 노마드에 대한 보다 근본적인 비판이 등장한다. 바로, 디지털 노마드가 '신식민주의'라는 관점에서 완전히 자유로울 수 있는가에 대한 이야기다. 플래닛 백팩Planet Backpack의

창업자 코니 비살스키Conni Biesalski는 이러한 현상을
외면해서는 안 된다고 이야기한다.

**이런 삶의 방식이 매우 서구중심적인 현상이라는 비판이 있죠.
동의합니다. 상대적으로 부유한 나라의 백인 젊은이들이
개발도상국으로 몰려가 인터넷으로 돈을 벌고 원격으로
일하면서 지리적 위치에서 오는 차익을 챙긴다고도 볼 수 있죠.
개발도상국의 인프라를 매우 저렴한 비용으로 이용하면서
말입니다. 이건 우리가 분명 생각해 봐야만 하는 부분입니다.**
코니 비살스키

이 점은 다큐멘터리 제작 내내 고심했던 부분이기에, 사전
인터뷰와 리서치를 통해 이 주제에 대해 이야기할 의사가
있는 인터뷰이들과 깊이 있게 논의해 보고자 노력을 기울였다.
다행히 이 문제에 공감하는 여러 인터뷰이들과 이야기를
나눠볼 수 있었다. 정리하면 이 비판은 여러 갈래를 띄는데,
식민주의, 젠트리피케이션, 현지 자원의 착취와 현지인과의 갈등,
그 외에도 개발도상국에서 특히 횡행하는 불법 성매수와 같은
여러 윤리적인 이슈들이 있었다.
인터뷰이 중 한 명인 프리랜서 개발자 리차드 리타우어Richard
Littauer는 이런 문제가 비단 개발도상국에서만 일어나는 게
아님을, 세계화가 휩쓸고 있는 현대 사회 어디에서나 발생할 수
있는 현상임을 강조했다.

**디지털 노마드로 살아간다는 것의 한 문제는, 언제나 스스로가
제국주의, 또는 식민주의에 매우 근접한 형태로 살아가고
있다고 느낄 때가 있다는 거예요. 저는 가는 장소들마다 항상
그곳에서 어떤 형태로든 이익을 취하죠. 이건 반드시 디지털**

노마드에만 관련된 것이 아니라, IT 기술 노동자tech worker
대부분에 해당되는 이야기이기도 합니다. 제가 샌프란시스코에
살 때, 여기저기서 'IT 기술자들은 꺼져버려Tech workers,
go home'와 같은 내용의 그래피티를 볼 수 있었어요. 저 같은
IT 기술자는 상대적으로 매우 부유하고, 또 쉽게 돈을 버는
사람들이죠. 그리고 전 세계에서 몰려드는 저 같은 사람들 때문에
샌프란시스코에서 오랜 시간 살아온 이들이 치솟는 주거비 등을
감당하지 못하고 도시 외곽으로 밀려나요.

리차드 리타우어

이런 문제에 공감하는 사람들도 존재하는 반면, 스스로를
디지털 노마드라고 칭하며 오로지 저렴한 생활비만을 좇아 특정
도시로 몰려들어 현지의 문화는 물론 법 체계까지 무시하고
무너뜨리는 사람들도 부지기수다. 특히 이들은 불법과 합법 사이
모호한 경계를 이용해 장기 체류하며 비자, 세금 등에 관련된
각종 편법을 자행하고, 현지에서 성매수를 일삼으며 비판의
대상이 되고 있다. 실제 몇몇 지역에서는 이런 사람들의 행태가
현지인에게 큰 반감을 사고 있다.

하루 종일 일해도 아주 적은 소득을 얻는 그곳 현지인들의
입장에서, 선진국에서 온 외국인들이 원격근무로 상대적으로
적은 시간 동안 일을 하고 남는 여가를 즐기면서 산다든가,
돈을 주고 현지 여성을 산다든가, 미국 달러 같이 강세인 화폐
단위를 이용하는 데서 오는 차익을 누리는 걸 볼 때 상당수의
현지인들은 분노합니다.

카이 로

섹스 관광은 늘 동남아시아와 세계 저소득 지역에 만연해 있죠.

그런 직종으로 떠밀리는 여성들이 많습니다. 범죄 조직과
연결된 문제도 많고요. 디지털 노마드 중에는 여성도, LGBT
커뮤니티도 많습니다. 이건 깊이 고민해 볼 문제라고 생각합니다.
디지털 노마드들은 남성 위주의 공동체 문화가 어떤 사람들에겐
배타성과 혐오감을 줄 수 있다는 걸 명심해야 해요.

아마리트 차론판

앞서 이야기한 '꿈팔이'가 만들어 내는 과장된 콘텐츠와 더불어
온라인에서 쉽게 찾아볼 수 있는 홍보 문구가 있다. 바로
'월 200만 원으로 왕처럼 사세요' 같은 것들이다.

**많은 사람들이 이 부분을 전혀 자각조차 하지 못하고 있다는
점이 저를 괴롭히곤 합니다. 저는 종종 사람들이 어떻게 하면
비자 비용을 한 푼도 쓰지 않고, 세금을 전혀 내지 않고도 어떤
곳들에서 살 수 있는지 떠벌리는 대화를 듣곤 해요. 이 사람들은
한 나라에서 몇 년씩 장기로 체류하는 사람들입니다. 길에는
굶주린 어린아이들이 있는데 이 사람들은 한 시간에 50센트만
주고도 가정부를 고용할 수 있다는 이야기 같은 걸 자랑스럽게
떠벌리고 다니죠.**

마크 맨슨

미국 출신인 마크 맨슨은 그의 연인 페르난다 네우테Fernanda
Neute의 고국인 브라질에서 함께 생활하고 현지 커뮤니티와
깊이 소통하면서, 이전에는 알지 못했던 이러한 윤리적 차원의
문제들을 자각하고 고민해 왔다고 이야기했다.

**에콰도르나 필리핀 같은 곳으로 가서 자신의 삶을 전혀 이해할 수
없는 매우 가난하고, 교육을 받지 못한 여성을 돈으로 사는 것도**

그렇습니다. 저는 여기서 성매수자를 탓해야지, 상대편에 잘못이
있다고 생각하지 않아요. 이건 엄연한 착취니까요. 그 사람은
자신이 가진 돈 말고는 이해할 만한 가치 있는 것이 아무것도
없다는 걸 인정하는 거나 다름없겠죠. 슬픈 일입니다. 저는
디지털 노마드로 살면서 얻을 수 있는 혜택과 이러한 삶의 방식
뒤에 자리한 철학 또한 믿고 또 공감하고 있습니다. 그러나 이런
도덕적인 이슈들에 대해 이야기하는 목소리를 찾기가 어려워요.
모두가 알고 있지만 말하지 않는, 일종의 터부 같은 거라고
봅니다.

마크 맨슨

이런 것들을 외면한다는 건 매우 이기적인 삶의 방식이라고
생각합니다. 자신의 행위나 선택이 세상에 어떤 영향을
미치는지는 전혀 상관하지 않고, 그게 무엇이 되었든 간에 내게
이익이 되는가에만 집중하는 삶인 거죠.

페르난다 네우테

자기 자신의 행복을 위해 방법을 모색하고 이를 실행에 옮기는
것은 전혀 비난 받을 일이 아니다. 그러나 자신의 행위가 현지
사회에 어떤 영향을 미칠지, 다른 이들의 희생을 요구하는 것은
아닌지 생각할 필요가 있다.

두 사람은 '자신이 어떤 시스템에 속해 있는지를 자각해야
한다'고 강조했다. 어느 곳에서 시간을 보낸다는 것은 곧
그곳의 사회 구조와 시스템에 어떤 식으로든 참여하고 있다는
이야기이기 때문이다.

당신이 태어난 곳이 당신을 규정한다는 불편한 진실

+ + +

학교에서 우리는 모든 인간이 평등하다고 배웠다. 그러나 현실은 정말 그런가? 내가 어떤 나라에서, 어떤 부모 밑에, 어떤 인종, 어떤 성별로 태어날지 우리는 무엇도, 누구도 선택할 수 없다. 언뜻 누구에게나 가능해 보이는 디지털 노마드의 삶 또한 사실 모두에게 가능한 것은 아니다. 자신이 속한 직군, 능력과 같은 모든 후천적인 요인을 떠나서, 바로 자신이 어디에서 태어났고 어떤 국적을 가지고 있는지가 더욱 중요하게 작용하기도 한다.

디지털 노마드는 매우 새롭고, 매우 흥미로운 최첨단의 흐름 중 하나입니다. 그리고 일반적으로 이런 새로운 일들은 지구상에서 가장 부유한 곳들부터 시작됩니다. 충분히 교육을 받고, 새로운 것을 시도하고 경험하는 데서 오는 위험 부담을 질 수 있을 정도로 여유 있는 사람들이 시도할 수 있는 것이죠.

마크 맨슨

제겐 한 인도인 친구가 있어요. 이 친구는 디지털 노마드로 살고
싶어하지만, 이 친구에게 노마드로 사는 일은 저와 비교했을 때
무척이나 힘들어요. 저는 미국 시민권자이고, 운 좋게도
미국 여권은 제게 많은 자유와 선택지를 가져다 주죠. 저는
이 여권으로 많은 곳에서 3개월 정도는 비자 없이도 자유롭게
지낼 수 있습니다. 제가 떠나고 싶을 때 떠날 수 있고, 매우
유연하게 움직일 수 있어요. 제 친구의 경우는 달라요. 제 친구는
이보다 훨씬 짧은 기간 동안 훨씬 더 적은 수의 나라들에 머무를
수 있고, 많은 경우 체류 신청 자체가 거부 당하기도 해요. 이건
이 친구의 출신 국가가 가진, 소위 '힘과 영향력'이 상대적으로
다른 나라에 비해 강력하지 않기 때문이에요. 정말 불공평한
일이죠.

에이미 쯔엉

많은 이들이 평소에는 자각하지 못하고 그냥 지나치기 쉽지만,
사실 출신 국가는 이동의 자유에 엄청나게 큰 영향을 미친다.
다른 요인들과는 달리 대부분의 경우 국적은 자신이 결정한 것이
아닌 선천적인 요인인 경우가 많다.

영국의 시민권 법률 컨설팅사인 헨리&파트너스Henley &
Partners가 발표한 '2017 비자 제한 지수Visa Restriction
Index 2017'에 따르면, 미국 여권으로 무비자 또는 도착 비자로
체류할 수 있는 국가의 수는 총 174개. 여권 영향력 순위로는
3위이다. 반면 인도 여권으로 체류 가능한 국가는 49개로
영향력은 90위 권에 겨우 드는 수준이다. 국경 이동의 자유가
얼마나 서구권 제 1세계에 대폭 치우쳐져 있는지 확인할 수
있다. 똑같이 원격근무를 할 수 있는 직업을 가지고 있어도,
똑같은 원격근무 시행사에서 일하고 있어도 움직일 수 있는 폭은
물론 체류 기간마저 비교조차 하기 힘들 정도로 대폭 줄어드는

것이다. 참고로 대한민국 여권은 2017년 기준으로 무비자 혹은
도착 비자 체류 가능 국가가 170개. 네덜란드, 캐나다 등의
뒤를 이어 여권 영향력 순위 7위다. 상위 10위 안에 드는 28개
국가들 중 아시아 국가는 일본, 싱가포르, 그리고 한국뿐이다.

공감의
힘

+ + +

앞서 이야기한 다소 무거운
주제들은 다큐멘터리를 제작하는
내내 계속 내 머리와 마음을 짓눌렀다. 민감하고 까다로운
이 이야기들을 꺼내 놓기까지 고민도 많았다. 특히 사전 리서치
단계에서 상당수의 디지털 노마드가 이러한 주제를 단 한 번도
생각조차 해 보지 않은 경우가 많다는 사실에 놀랐다. 이 경우
대다수가 선진국 출신의 백인 남성들이었는데, 때로는 이런
문제 제기 자체를 아주 불쾌하게 받아들이기도 했다. 차마
다큐멘터리에는 넣지 못했지만, '강대국에서 태어난 것이
나의 잘못인가', '개발도상국에 유입된 디지털 노마드가 돈을
쓰면 현지 사회에도 도움이 되지 않는가', '지나친 피해의식
아닌가', 심지어 '백인 남성이라는 게 무슨 잘못이라도 된단

말인가. 이건 역차별이다' 같은 반응까지 있었다. '자신이 태어난
나라의 여권 영향력이 좋지 않다면 열심히 노력해서 더 좋은
곳으로 이민을 가면 그만일 뿐이다'라는, 공감 능력과 현존하는
문제의 인식이 모두 결여된 답변도 등장했다. 상대적 약자의
위치에 있어보지 않은 사람은, 그렇지 못한 다른 사람들의
삶에 무수히 펼쳐진 장애물들에 대해 전혀 인지조차 못 하기
쉽다. 또 어떤 이들은 이러한 문제제기 자체를 자신에 대한
불쾌한 공격으로 받아들이기도 한다는 사실을 다시 한번
절감할 수 있었다. 그 과정에서 깨달았던 또 다른 사실 중에
하나는 바로, '대한민국에서 태어나고 자란 아시안 여성'이라는
나의 '선천'적인 출신 배경이 내가 이러한 주제에 문제의식을
갖고 접근할 수 있었던 바탕이 되었다는 사실이다.

대한민국이 제국주의, 식민주의 물결의 희생양이었던 것이 고작
백 년이 채 안 된 일이다. 지금은 여권 영향력이 전 세계 10위
안에 드는 몇 안 되는 비서양 국가 중 하나인데다, 경제 규모로도
손꼽히는 국가로 성장했지만, '아시아' 국가 출신의 '여성'이라는
점에서 나는 여전히 인종으로나 성별로나 주류에서 한 걸음
동떨어진 소수에 속한다. 디지털 노마드, 원격근무, 이동의
자유 같은 흐름과 화두에 관심을 가지고, 실제로 실행할 수
있는 배경과 아시아 출신이라는 정체성. 둘 모두가 있었기에
고민하고, 다뤄볼 수 있었던 주제였다.

다큐멘터리 제작 중에 전 세계 각지에서 받은 이메일들 가운데
기억에 남는 게 하나 있다. '디지털 노마드라는 주제를 처음으로
다루는 다큐멘터리의 제작자가 뉴욕 필름스쿨 출신의 백인
남성이 아닌, 아시아 국가 출신의 여성이라는 게 놀랍고 고맙다.
잘 다뤄주길 바란다'는 내용이었다. 그 말이 큰 힘을 주었다.

사람은 자신이 겪어보지 않았거나 평생 겪을 일이 아예 없을

확률이 큰 상황에 대해서는 자연스럽게 둔감해지거나 무지해진다. 상대적 약자, 소수자에 대한 이해와 공감 문제가 여기서 비롯된다. 이를 해소할 수 있는 것이 바로 지식의 습득과 공감 능력일 것이다. 이 두 가지가 없을 경우 문제는 좀 더 심각해진다. 약자로 살아보지 않았거나 약자가 될 일이 아예 없는 사람은 자연스럽게 상대적 약자(그것이 문화권, 국가, 계급, 부, 인종, 성별, 성적 취향, 장애 여부, 그 무엇이 되었든 간에)의 삶이나 이들이 무방비로 노출된 각종 편견과 차별, 불이익에 무지할 뿐더러 아무런 자각 없이 이들을 착취하는 시스템에 머물러 있게 된다. 앞서 이야기한, 단돈 50센트로 현지의 가사도우미를 쓸 수 있다는 사실을 여기저기 말하며 자신이 얼마나 왕처럼 사는지 자랑하는 사람들이 그 한 예일 것이다.

그렇다면 디지털 노마드들 중 이러한 문제들을 자각하고, 좀 더 바람직한 방향으로 바꿔 나가려는 시도를 하는 이들은 없을까? 있다면, 어떤 시도들이 가능할까? 다큐멘터리 촬영에 응한 인터뷰이들에게 질문을 던져 보았다.

프리랜서 개발자인 리차트 리타우어는 발리에 처음 왔을 때 현지 개발자들을 위한 '노드 스쿨*'을 열었다.

* Node school: 자바스크립트를 작성 언어로 활용하는 소프트웨어 플랫폼 Node.js의 교육 워크숍

현지에서 만난 택시 기사 분이 있었는데, 이 분과 친해지면서 영업에 사용할 수 있는 웹사이트를 만들어 주기도 했죠. 저는 사람들이 그저 한 장소로 가서 거기서 돈을 좀 쓰다가 그냥 떠나버리는 현 상태를 개선할 수 있는 여러 방법들이 있다고 생각해요.
리차드 리타우어

메이커스페이스 타일랜드의 창업자 나티 생은 더 많은
개발자들이 현지 커뮤니티와 소통하기를 꿈꾼다. 새로운 사람,
새로운 문화, 새로운 기술과의 만남은 교육으로, 새로운 문화의
창조와 가능성으로 이어지기 때문이다.

전 세계의 훌륭한 프로그래머들이 태국으로 오고, 또 이들이
자신이 가진 기술을 현지 커뮤니티와 공유하고, 보다 더 많은
이들이 프로그래밍에 관심을 가지도록 할 수 있다면 얼마나
좋을까요. 많은 사람들이 서로에게 배움을 얻는다는 건 참 멋진
일일 거에요. 우린 이런 사람들을 더욱 많이 만나고 싶습니다.
나티 생

스타트업을 포함해, 현지 커뮤니티와 소통할 수 있는 방법에는
여러 가지가 있다. 협업공간을 이용하거나, 현지의 해커톤* 또는
각종 미트업 같은 모임에서 현지 커뮤니티와
교류하고, 정보를 교환하거나 또는 새로운
프로젝트를 시작할 수도 있다.

* hackathon: 소프트웨어 개발 분야의
직업군을 가진 사람들(기획자, 프로그래머,
디자이너 등)이 함께 모여 마라톤하듯
프로젝트 작업을 하며 결과물을 내는 것

많은 사람들이 우리의 도시를 찾아 온
다양한 배경을 가진 사람들과 만나고, 이야기하고 또 이들로부터
배우고 싶어합니다. 전 세계의 여러 멋진 스타트업, 원격근무
시행사에서 일하는 사람들이 어느 날 우리가 사는 동네를
찾아와서 몇 달씩 일을 하고, 또 우리가 이들과 교류할 수 있다는
건 참 멋진 기회에요. 여러 사람들이 디지털 노마드에 대한
잘못된 편견을 가지고 있죠. '디지털 노마드들은 생활비가 싼
곳만 찾아 다니고, 자국에서는 할 수 없었던 여러 나쁜 짓들을
하고, 재미있는 것들만 즐기고 나서 다음으로 즐길 도시를 찾아
떠나는 사람들'이라고 말입니다. 점점 더 많은 사람들이 '우리가

여러분의 도시에서 이렇게 즐거운 시간을 보내는 만큼, 우리도 현지 커뮤니티와 교류하고 싶습니다. 일종의 문화, 교육 대사와도 같이 말이에요'라고 한다면 어떨까요? 이는 지금까지 쌓여 온 몇몇 디지털 노마드들에 대한 좋지 않은 이미지들을 순식간에 없애버릴 겁니다.

아마리트 차론판

점점 더 많은 사람들이 국경을 넘어 세상을 누비는 오늘날, 우리에겐 그만큼 더 많은 노력과 고민, 더 많은 소통과 이해가 필요하다. 앞서 이야기한 많은 문제들을 당장 해결할 수는 없을지라도, 하나둘 대안을 찾아나갈 때 그 시행착오 너머에 분명 더 멋진, 그리고 '사람다운' 세상이 있을 것이다.

영화 '스타 트렉'의 배경이 되는 세계를 한번 볼까요? 거기엔 '행성 연방'이라는 것이 등장합니다. 국경도, 국적도 없이 그냥 '지구'예요. 거기선 모두가 평화롭게 공존하고 어디든 갈 수 있죠. 스타 트렉의 작가 진 로든베리가 이미 그 옛날 60년대에 상상했듯, 세상이 그런 방향으로 나아가고 있는 거라면 말이죠, 디지털 노마드라는 삶의 방식은 바로 그리로 가는 여정 중 하나일 겁니다. 정말 멋진 일이죠!

나티 생

Digital Signat
ole ID

원격근무 시행사는 더욱 많아질 것이고, 더 많은 디지털
노마드가 도시와 도시, 국가와 국가 사이를 이동하며
일하고 살아갈 것이다. 이 과정에서 각 국가와 도시 정부에
주어진 과제의 무게 또한 상당히 무겁다. 거듭 이동하는
이 사람들로부터 세금은 어떻게 징수할 것인지, 상황과 기간에
따라 비자 시스템은 또 어떻게 재정비할 것인지, 국가 간 그리고
도시 간 인재를 끌어들이기 위한 경쟁에서 누가 승리하고 누가
뒤처질 것인지, 관전 포인트는 늘어만 간다.
점점 더 많은 이들이 국경에 얽매이지 않고 살아가는 지금,
국가 정부 차원에서 이러한 움직임을 재빨리 간파하고 이에
대응하고 있는 나라가 있다. 에스토니아는 디지털 산업의 시대,
새로운 경쟁력을 준비하는 국가의 좋은 사례를 보여 준다.

에스토니아에서
미래를 엿보다

e-레지던시
프로그램

+ + +

에스토니아는 유럽 동북부에
있는 인구 130만의 작은 나라다.
알래스카와 같은 위도에 위치한
지리적 특성 탓에 여름철을 제외하고는 날씨가 매우 추운
곳이기도 하고, 스카이프가 탄생한 나라로도 잘 알려져
있다. 1991년 소련에서 독립한 후 자체 확립한 전자 정부
시스템으로 유명하며, 전자 투표와 전자 서명 관련 법률을
제정해 이미 시행하고 있다. 그리고 2014년 발표한 'e-레지던시
프로그램'으로 다시 한 번 주목 받는 곳이기도 하다.

주민등록증과 별 다를 바 없어 보이지만, 이 신분증에는 디지털
인증서가 내장돼 있다. 온라인에서도 이 신분증 하나로 웹사이트
가입, 인터넷 뱅킹부터 정부가 제공하는 각종 서비스까지
카드리더와 간단한 로그인 절차만으로 본인 인증을 할 수 있다.

에스토니아 정부는 이 디지털 인증서를 이용한 온라인 계약 역시
오프라인의 서면상 계약과 동일한 효력을 행사함을 명시하는
법안을 통과시키기도 했다. 덕분에 에스토니아인은 전 세계
어디에 있든 일체의 물리적인 움직임 없이도 모든 종류의 행정
서비스 이용과 금융 거래가 가능하다.

e-레지던시 프로그램은 에스토니아 정부가 지난 13년에
걸쳐 자국민에게 제공해 온 이 서비스를 국적에 관계없이
신청하는 사람 누구나 사용할 수 있도록 보급하는 것이다. 직접
에스토니아를 방문하지 않아도 온라인으로 50유로의 비용을

지불하고 신청할 수 있으며, 카드 수령은 각국 에스토니아 대사관에서 가능하다.

e-레지던시 프로그램을 통해 이 신분증을 가진 사람이 이용할 수 있는 서비스는 법인 설립, 법인 관리, 세금 신고, 은행 계좌 개설, 은행 거래 그리고 디지털 서명을 이용한 계약 등이다. 이 모든 것들이 전부 온라인만으로 처리 가능하다. 에스토니아 정부의 세금 행정 서비스는 은행에서 자동으로 정보를 받아오기 때문에, 사용자는 별도의 어떤 양식도 작성하지 않아도 된다. e-레지던시 프로그램의 디렉터 카스퍼 코리우스Kaspar Korjus는 세금 신고 절차에 총 15초도 안 걸리는, 클릭 몇 번으로 끝나는 시연 영상을 인터뷰 중에 공개하기도 했다. 세금 신고가 하나의 거대한 연례 행사 격인 다른 나라들의 입장에서는 믿어지지 않는 광경이다. 미국을 비롯한 여러 국가에서 세금 신고와 환급 절차를 경험해 본 사람이라면 특히 공감할 것이다. IT 강국을 자처하면서도, '액티브X'로 대변되는 웹 장벽과 덕지덕지 따라붙는 인증 프로그램들로 대국민 스트레스를 유발하는 한국의 행정·금융 시스템도 예외는 아니다.

디자인 스튜디오를 운영하고 있는 인도의 한 디자이너가 있다고 해 보죠. 이 디자이너가 자신의 디자인 상품을 해외 시장에 판매하려면 여러 가지 어려움을 겪어야 합니다. 첫 번째 관문으로는 현지의 복잡하고 느리기 짝이 없는데다, 온갖 종이 뭉치가 필요한 행정 절차를 들 수 있죠. 두 번째는 서비스 공급자의 부재입니다. 특히 개발도상국을 포함한 많은 나라에서 결제 서비스 등 많은 글로벌 서비스들의 이용이 불가능하죠. 마지막으로 세 번째는 금융 서비스나 법인 관리, 각종 행정 절차 등을 처리하려고 매번 직접 움직여야만 하는 불편함입니다. e-레지던시 프로그램은 이 모든 문제를 해결합니다. 덤으로

> **EU국가의 디지털 신분증을 소지하면서 판매자로서 신용도까지 얻을 수 있어요.**
>
> 카스퍼 코리우스

인재 유치를 위한 국가 경쟁

+ + +

자국의 행정 서비스를 국적불문하고 아무에게나 제공하겠다니, 언뜻 생각하면 꽤나 엉뚱하면서도 위험해 보이기도 한다. 그러나 e-레지던시 프로그램의 배경을 살펴보면 오히려 에스토니아 정부로서는 이것이 오히려 필연적인 행보였음을 이해할 수 있다.

1991년 독립 당시 에스토니아는 정부 근간을 이루는 모든 시스템을 완전히 처음부터 구축해야 했다. 덕분에 당시 이미 보급돼 있던 인터넷을 이용해 모든 행정 시스템을 디지털화하는 데 성공했다. 우리로 치면 주민센터에 해당하는 관공서를 짓는 데 들어갈 자원 역시 모두 여기에 투자했다. 게다가 에스토니아는 자국민 중 상당수가 에스토니아가 아닌 곳에서 살고 있다. 정부의 공식 발표는 10만 명으로 추산하지만,

실제 해외에 거주하는 에스토니아인의 수는 이의 2배에
이르는 것으로 보는 통계도 있다. '스카이프 마피아'로 불리는
스카이프 초창기 임직원들 역시 상당수가 에스토니아가 아닌
실리콘밸리에 거주 중이다. 에스토니아 정부가 이들로부터
세금을 걷으려면 온라인만으로 간단히 처리할 수 있는 세금
납부 등의 행정 서비스가 필수였다. 에스토니아는 출생률도
가구당 1.58명으로 그리 높지 않고, 국토가 넓은 것도 아니고,
이민자가 많은 것도, 북유럽 또는 서유럽처럼 부유한 것도
아니다. e-레지던시 프로그램의 전면 개방은 어찌 보면 예정된
수순이었던 셈이다.

2015년 2월 프로그램을 발표할 당시 에스토니아 정부는
스타트업처럼 움직였다. 거창하고 복잡한 기획서와 지난한
결제 과정 대신, 세부 계획 없이 우선 간단한 웹사이트부터
대중에 공개한 뒤 해당 프로그램에 관심 있는 사람들의 의견을
수집했다. 하루가 채 안 돼 1백여 나라에서 4천여 명이 향후 관련
업데이트를 받고자 웹사이트에 자신의 이메일 주소를 등록했다.

이를 시작으로 엔지니어 출신의 경제부 사무총장 겸 에스토니아
정부의 최고정보관리책임자CIO인 타비 코카Taavi Kotka가
'1천만 명의 에스토니아인을 만들자'라는 목표와 함께
프로그램을 진두지휘했다. 타비 코카는 정부 플랫폼 관련
스타트업을 운영하고 있던 당시 27세의 카스퍼 코리우스를
프로그램 디렉터로 즉시 영입했다. 30대의 젊은 수상을 둔
에스토니아 행정부는 특히 정보 기술 관련 분야의 공무원들
상당수가 IT 업계 출신자 또는 현직 엔지니어들로 이루어져 있다.

다큐멘터리 인터뷰 당일에 에스토니아의 수도 탈린에 자리잡은
e-에스토니아 전시관은 이곳을 찾은 해외 정부 관계자들과
미디어 관계자들로 붐볐다.

물리적인 국경에 관계없이 정부 역시 사용자가 취사 선택 가능한 하나의 플랫폼이자 상품이 됐습니다. 앞으로 우리는 여러 정부가 이와 같은 프로그램을 이용하여 서로 경쟁하는 모습을 보게 될 것입니다.

타비 코카

타비 코카는 인터뷰에서 e-레지던시 프로그램의 기획 배경을 설명하며, 앞으로 해외 투자, 기업과 인재 유치, 그리고 세수 확대를 위한 '국가 간의 보이지 않는 전쟁'이 갈수록 치열해질 것이라고 이야기했다. 스페인, 칠레, 독일 등 다른 여러 나라들에서 기업가와 프리랜서, 스타트업들을 대상으로 시행하는 각종 비자 우대 정책 역시 같은 흐름에서 볼 수 있다. 자신이 태어난 곳이 곧 필연적으로 자신의 평생 거주지가 됐던 시대가 끝나가고 있는 것이다.

전 세계에서 디지털 노마드가 가장 많을 것 같은 나라. 수많은
사람들이 스마트폰과 태블릿 등 다양한 IT 기기를 익숙하게
이용하는 나라. 국가와 지자체가 청년 창업을 지원하고 벤처와
스타트업 붐이 일고 있는 IT 강국. 그러나 아이러니하게도
대한민국에서는 원격근무 시행사를 찾아보기 힘들다. 세계에서
손꼽을 정도로 빠르면서도 안정적인 인터넷이 보급된 나라로
유명하지만, 한국에서 디지털 노마드는 여전히 낯설기만 하다.
세계 각국을 여행하기 유리한 여권 덕분에 상대적으로 훨씬 더
자유롭게 이동하고 장기간 체류할 수 있음에도 불구하고, 한국
출신의 디지털 노마드를 만나는 것 역시 쉽지 않다. 어째서일까?

한국, 변화의 시작

한국을
떠나는
사람들

+ + +

인터뷰이 섭외와 촬영 준비로
여념없었던 2015년 2월,
서울에서 디지털 노마드를
주제로 한 미트업을 작게
열었다. 디지털 노마드라는
주제에 관심 있는 사람들을 대상으로 가볍게 준비했던
이 미트업은 이렇다 할 홍보도 하지 않았는데도 이틀 만에 참가
정원을 모두 채웠다. 나중에는 앉을 자리가 모자라 참가자들이
여기저기 일어선 채로 한참 동안 이야기를 나누었다.
원격근무와 디지털 노마드에 대한 관심이 국내에서, 그중에서도
20~30대 청년층 사이에서 급격히 증가하고 있다는 것은
2016년 제주에서 열린 또다른 미트업에서도 확인할 수 있었다.
제주시와 함께 주최한 이 미트업은 세계 유수 원격근무 시행사의
직원들과 국내 커뮤니티가 만나 이야기를 나누는 자리였는데,
역시나 참가자들의 열기가 뜨거웠다.

두 차례의 국내 미트업에서 가장 많이 나왔던 질문은 바로
'어떻게how to'에 대한 것이다. 특히 '어떻게 원격근무가 가능한
일자리를 찾을 수 있느냐'가 가장 많았다. 그리고 이 질문은 지난
몇 년간 이메일과 소셜 네트워크 서비스에서도 가장 많이 받은
질문이기도 하다. 아직까지 대한민국에서는 원격근무 시행사를
쉽게 찾아볼 수 없고, 원격근무를 요구하거나, 상황에 따라
유연하게 근무 조건을 협상할 수 있는 조직 문화가 마련되어
있지 않다. 때문에 많은 이들이 국내가 아닌 국외로 눈을 돌리고

있는 상황이다.

그리고 바로 이 지점에서 크게 두 가지를 느낄 수 있었는데,
하나는 많은 사람들이 한국 사회의 노동 환경에 깊은 회의를
느끼고 여기에서 벗어나고 싶어한다는 것. 다른 하나는
'한국에서 원격근무는 불가능할 것'이라는 절망감이었다.

전자는 '탈조선', 'N포세대'와 같은 신조어, 그리고 청년 사이에서
유행하는 해외 이민 열풍으로도 실감할 수 있다. 성인 10명 중
7명이 '탈한국'을 꿈꾼다고 할 정도로 이민을 원하는 사람들이
늘어났다고 한다. 그리고 그 이유 중 하나로 지목되는 것이
바로 '저녁이 있는 삶'. 반복되는 야근과 비효율적인 업무
방식에서 벗어나 삶의 질을 높이고 싶다는 바람이다. 후자에서
보여지는 절망감은 이러한 바람들이 우리 사회에서는 실현이
어려울 것이라는 자가진단이었다. 경직된 조직 문화와 보수적인
기업 운영진들의 변화 없는 원격근무는 그저 꿈 같은 먼 나라
이야기에 불과하다는 푸념이 자주 오가는 것을 볼 수 있었다.

조직 문화와 노동 환경

+ + +

많은 이들이 대한민국에서 원격근무 제도의 정착이 어려운 이유로 경직되고 수직적인 조직 문화를 꼽는다. 아직까지 국내의 많은 기업과 조직들은 대면 중심의 업무 처리 관행에서 벗어나지 못하고 있다. 특히 공공 기관의 기관장 또는 기업 경영진들의 보수적인 성향은 기존의 업무 형태에서 쉽게 변화를 시도하기 어려운 주된 이유 중 하나다.

이미 몇 해 전부터 정부 부처는 4차 산업혁명 시대를 대비한 근무 환경 개선 방안으로 스마트워크* 활성화를 꾀했다. 2011년 행정안전부는 2015년까지 스마트워크센터 50곳을 만들고, 공기관에서 먼저 스마트워크를 추진하여 업무 효율성을 높이겠다는 계획을 밝힌 바 있다. 구체적으로는 전자결재를 늘리고, 업무에 모바일 기기를 활용하고, 출퇴근 시간을 조정하는 유연근무제도를 실시하는 등의 시도가 있었지만, 2015년까지 직원의 30퍼센트가 사무실에 출근하지 않고도 일할 수 있는 방안을 마련하겠다는 초기

* 모바일과 태블릿PC 등으로 장소에 상관없이 업무를 보는 근무 방식을 뜻한다. 스마트워크 형태로는 유연근무, 재택근무, 원격 회의, 모바일 오피스 등 다양하다. 정부에서는 행정복합도시 세종시를 건설하면서 2011년 행정안전부는 수도권 등에 스마트워크센터 10곳을 구축하고 2015년까지 스마트워크센터 50곳을 만든다는 계획을 밝혔다. 서울과 대전, 세종시로 흩어져 있는 공무원끼리 업무를 원활히 진행하도록 2015년까지 직원의 30퍼센트가 사무실에 출근하지 않고도 일할 수 있는 스마트워크를 국가전략과제로 추진해 왔다.

한국, 변화의 시작

계획에는 아직 많이 못 미치는 듯하다. 전격 재택, 원격근무의 활성화까지는 여전히 갈 길이 멀어 보인다.

민간 기업의 원격근무 시행은 더욱 쉽지 않다. 미래창조과학부가 발표한 '2016 스마트워크 실태조사'를 보면, 민간기업 근로자의 71.5퍼센트가 스마트워크에 대해 알고 있지만, 실제 기업의 스마트워크 운영률은 평균 6퍼센트 대에 불과하다. 스마트워크를 운영하는 기업의 관리자 대부분에 해당하는 98.5퍼센트가 스마트워크로 업무 효율이 증진되는 등 운영 효과가 있다고 응답했음에도 불구하고, 여전히 국내 기업들은 도입에 부담감을 느끼고 있는 것이 현실이다. 스마트워크를 도입한 곳들도 '상사나 동료의 부정적 인식' 등으로 자유롭게 이용하기 어렵다는 지적이 나오기도 했다. 스마트워크 정착을 위해서는 '간부급의 솔선수범', '신청방법 변경 등 제도 개선' 등을 언급했다. 즉, 조직 문화가 먼저 개선되지 않으면 아무리 시스템이 뒷받침되어도 스마트워크의 확산은 어렵다는 전망이다. 그리고 여기에는 상의하달식 의사 결정 구조를 가진 국내 조직 특성상 기관의 기관장, 기업 경영진의 충분한 이해와 의지가 중요한 것이 사실이다.

경직된 조직 문화 외에도 비효율적인 노동 환경은 한국 사회의 고질적 문제로 늘 손꼽혔다. OECD 국가 중에서 대한민국의 노동시간은 언제나 최상위에 위치하지만, 반대로 생산성은 최하위에 가깝다. 일상화된 야근으로 정해져 있는 근무시간은 무의미하고, 그만큼 일하는 시간은 길지만 일의 효율성은 떨어진다는 지적이다.

한국경영자총협회에서 조사한 2016년 채용실태에 따르면, 신입사원 입사 1년 내 퇴사율은 무려 28퍼센트에 달한다. 날로 높아지는 취업난에도 어렵게 입사한 회사를 그만두는 까닭은 조직과 직무에 적응하지 못했기 때문이라는 답변이 가장 많았다. 특히 중소기업의 조기 퇴사는 대기업의 세 배에 달하는데, 낮은 연봉과 야근수당, 그리고 복지 결여 때문이다.

별다른 소속도, 안전장치도 없는 프리랜서의 경우 더욱 암울하다. 많은 전문가들이 4차 산업혁명과 함께 정규직 이외의 노동 형태가 증가하고 일자리의 변화가 더욱 가속화될 것이라 전망한다. 특히 프리랜서의 비중이 증가할 것이라는 분석이 우세하다. 빅데이터 전문가라 불리는 다음소프트의 송길영 부사장 역시 한 미디어와의 인터뷰에서 '프리랜서의 시대가 온다'고 강조한 바 있다.

저성장과 4차 혁명의 시대를 맞아 기업 조직이 이미 달라지고 있습니다. 연공서열이 무너지고 관리직이 없어질 겁니다. 지금 이미 대기업 피라미드 조직에서 중간 관리자가 대거 빠지기 시작했잖아요. 기업에서 생산이나 판매 회계를 컴퓨터로 관리하는 전사적자원관리ERP 시스템이 있는데, 굳이 관리만 잘하는 사람이 필요 없거든요. 관리만 잘하고 실제 일을 잘 하지 않는 '무임승차자'는 살아남기 어렵습니다. 조직에서 무임승차자들이 빠지면 장기적으로 정규직 고용 형태의 월급쟁이들이 크게 줄어들 겁니다. 반면 자기 전문성을 브랜드로 가진 프리랜서들이 늘어날 거고요. 이런 추세는 이미 현실입니다. 먼 미래의 일이 아니에요. 자기 능력대로 기업과 계약을 맺어 언제 어디에서든 일만 하면 되는 프리랜서들이 주위에 진짜 많아졌어요. 이 현실 속에서 기업 조직은 그냥 내가 돈을 버는 '플랫폼'이자 협력자에 불과해요. 기업 조직 자체가 인생의 꿈이자 목적이 되면 망해요.

송길영('취업 창업 직업 콘텐츠 jobsN' 인터뷰)

그러나 몇몇 유명 프리랜서들을 제외하면 아직 국내에서
프리랜서에 대한 처우와 환경은 열악하기 그지없다. 여전히 많은
프리랜서가 노동법의 보호를 제대로 받지 못하고, 낮은 수당과
부당한 계약 등에 노출되어 있다. 이에 대한 현실적인 개선안
없이는 전문 프리랜서 시대의 도래 대신, 인건비를 절감하려는
기업의 배만 불리고 정작 노동자는 불공정한 비정규직의
사각지대에 놓이는 상태에서 한 걸음도 나아가지 못할 것이다.

작지만 의미 있는 변화들

+ + +

최근 일본의 아베 총리는 재택근무 확산을
비롯해 '일하는 방식'을 개혁하는 구체적인
방안을 마련하겠다고 발표했다. 이미
10년도 더 전인 2005년에 인구 20퍼센트
이상이 65세가 넘는 초고령사회에 진입한
일본에서는 노동 인구의 감소가 심각한
경제 문제로 이어졌다. 이에 일본 정부는
장시간 노동을 줄여나가고, 재택근무 확산으로 여성과 고령
인구의 경제 활동을 넓힐 수 있는 환경을 만들어 노동 인구를
늘리는 데 주력하겠다는 의지를 밝힌 바 있다. 이에 발맞춰
일본의 민간 기업도 재택근무를 도입하고 장려하는 추세인데,
흥미롭게도 신생기업이나 IT기업보다는 글로벌 대기업의 주도로

견인되고 있다.

2016년 5월 4일 <마이니치신문>에 따르면 일본 내 주요 121개 기업들을 대상으로 '근로 형태'에 대한 설문조사를 실시한 결과, 재택근무를 '도입하고 있거나 도입을 결정한 상태'라고 답한 곳이 48퍼센트(58개 사)에 이르는 것으로 나타났다. '도입을 검토하고 있다'는 회사도 25퍼센트(30개 사)나 됐다.

비슷한 시기 도요타Toyota는 1주에 한 번, 단 2시간만 회사에서 일하고 나머지는 집에서 일하는 재택근무를 도입, 본사의 전체 사원 약 7만 2천 명 중 사무직 직원과 개발 분야 기술직 직원, 그리고 입사 5년 이상 등의 조건을 충족하는 직원 2만 5천 명을 대상으로 이를 시행하기 시작했다. 컴퓨터로 일하는 직원들은 대부분 집에서 근무하며, 외근이 주를 이루는 영업직원들은 영업이 끝난 후 회사로 돌아올 필요 없이 이메일로 보고하면 된다. 도요타는 정보 유출 등의 보안 문제를 방지하기 위해 회사 차원에서 별도의 업무용 컴퓨터를 재택근무를 하는 직원들에게 보급하기도 했다. 혼다Honda, 미쓰이 물산Mitsui & Co. 등 다른 대기업들도 줄줄이 이 흐름에 동참하고 있어 눈길을 끈다.

유니레버Unilever 일본 법인은 여기서 한 걸음 더 나아가, 근무 장소뿐만 아니라 근무시간까지도 직원이 자유롭게 정하도록 했다. 유니레버 재팬은 'WAAWork from Anywhere and Anytime'라는 이름으로 직원들에게 더 많은 자율성을 실시하는 제도를 도입했다. 평일 오전 6시부터 오후 9시 사이에 하루 7시간 35분 근무 기준만 맞춘다면 언제든지 원하는 시간대에 일할 수 있다. 일하다가 병원을 다녀와도, 어린이집에서 자녀를 데리고 와도 되고, 자유롭게 필요한 용무를 본 후 다시 업무에 복귀하면 된다. 근무 장소 역시 자택뿐만 아니라, 카페, 도서관 등 직원이 원하는 어느 곳에서든 일할 수 있다.

저출생과 고령화, 노동 인구의 감소, 장시간 노동과 수직적인
조직 문화 등 일본의 사회와 기업 환경은 우리나라와도 많은
유사점을 가지고 있다. 그러나 아직 국내에서의 변화는 미비한
편이다. 고용노동부의 주도로 탄력근무, 재택근무, 원격근무 등을
포함한 근로조건 개선 지원 사업을 추진하고 있지만, 아직 민간
기업의 도입은 낮은 추세다.

그럼에도 불구하고 작지만 변화는 일어나고 있고, 개중에는
고무적인 것들도 있다. 2016년 신한은행은 국내 은행 중에서는
처음으로 재택근무, 자율 출퇴근 등을 포함한 '스마트 근무제'를
도입했다. 전체 직원의 절반 가까이가 스마트 근무제 시행
대상으로, 기획, 디자인, 영업점PB 같은 분야의 직원들은
재택근무를 신청할 수 있다고 한다. 특히 눈에 띄는 것은 바로
'스마트 워킹센터'의 운영인데, 재택근무를 하다가도 보안망
접속이 필요하거나 집이 아닌 곳에서 업무를 보고자 할 때는
집 근처의 스마트 워킹센터에서 업무를 처리할 수 있다. 출퇴근
시간을 대폭 줄이고 직원들이 본사와 지점뿐만 아니라 보다
가까운 곳에서 자유롭게 오가며 일할 수 있도록 지원하는
공간이다. 일종의 신한은행 직원들만을 위해 서울시 곳곳에
위치한 협업공간인 셈이다.

KT 콜센터, CJ오쇼핑 콜센터에서도 재택근무를 시행하고 있다.
CJ오쇼핑의 경우 도입 초기 장애인 직원의 편의를 위해 시작한
재택근무가 점차 확대되어 지금은 비장애인도 적극 활용하고 있는
사례다. 해당 기업에서는 재택근무 시행 이후 이직률이 2퍼센트로
현저하게 낮아지고 업무 능률이 증가하는 등의 장점을 누리게
되었다고 한다. 2016년 기준 KT 콜센터의 직원 중 약 6백여 명이,
CJ 오쇼핑은 약 2백여 명이 재택으로 근무하고 있다.

이 뿐만이 아니다. 대기업 중에서는 아직 나타나지 않았지만,
국내에서도 전사 원격근무를 시행하는 곳들이 조금씩 나타나고

있다. 대부분 막 창업한 스타트업이 주를 이루지만, 이들의
다양한 시도가 입소문을 타고 여기저기 퍼지고 있다.

느리지만 분명 우리 사회에도 변화는 일어나고 있다. 앞으로
더 많은 기업과 조직이 원격근무를 도입한다면 어떤 일이
일어날까? 비용 문제만 놓고 생각했을 때도 당장 기업뿐만
아니라 개개인들에게도 상당한 변화가 일어날 것이다. 출퇴근에
들어가는 비용을 절감할 수 있고, 도시가 통근길 교통 체증으로
몸살을 앓는 일이 조금이나마 완화될 수 있다. 매일 아침
사무실에 입고 갈 옷을 고르고, 계절따라 업무 복장을 사고,
구멍이 난 스타킹 때문에 쩔쩔 맬 일도 줄어들 것이다. 출퇴근
때문에 울며 겨자 먹기로 도시 중심가 반지하에 세 들어 살거나
고시원 생활을 하던 청년도 햇살이 드는 집을 찾아 대도시에서
한발짝 떨어져 살 수 있지 않을까? 일명 '빨간 버스'로 불리는
광역 버스를 타고 하루에 두 번씩 시 경계를 넘나드는 사람들도
한숨 돌릴 수 있지 않을까? 일자리 때문에 모두가 대도시로
향하는 대신, 서울이 좋은 사람은 서울에서, 바다가 보이는
그림 같은 풍경의 집에서 살고 싶은 사람이라면 어느 작은 해안
마을에서 원하는 대로 살아갈 수 있지 않을까? 지역 소도시에
사람이 모이면 서울에만 편향되었던 각종 인프라들도 조금씩
생겨날 것이고, 그러한 변화는 다음 사람들의 이동과 정착을
한층 쉽게 만들 것이다. 그러다 보면 어느 날, 자원도 청년도
모두 빠져나간 작은 시골마을에도 다시 젊은 세대가 깃들지
모른다. 상상해 볼 수 있는 가능성 있는 변화들만도 이렇게나
무궁무진하다.

**점점 더 많은 사람들이 자신들의 지인 중에 원격으로 일하는
사람들이 하나둘 생기는 경험을 하게 될 겁니다. 그러면 이런**

질문을 던지겠지요. "뭐라고? 회사로 출퇴근을 하지 않아도
된다고?" 당장 처음에는 그게 무슨 꿈같은 소리냐고 할 거예요.
그러다 점점 더 많은 사람들이 이렇게 생각하기 시작할 겁니다.
"잠깐만, 저 친구도 하는데 나라고 못할게 뭐가 있겠어?"
이 사람이 그 다음 날 당장 짠! 하고 원격으로 근무하는 일은 없을
거예요. 시간이 걸릴 겁니다. 다만 한 가지 확실한 건 이 사람이
다음 직장으로의 이직을 고려할 때, 그 회사가 원격근무를
시행하는가 하지 않는가가 회사를 고르는 데 가장 중요한 기준 중
하나가 될 겁니다.
데이비드 하이네마이어 핸슨

눈에 띄는 변화가 있기까지는 짧지 않은 시간이 걸리겠지만,
우리에게도 충분히 가능한 미래이고, 삶이다. 사람들은 이미
보다 나은, 합리적인 일과 삶의 방식을 원하고 또 이를 실행하기
위한 방안을 적극적으로 찾아 나서기 시작했다. 변화는 이미
시작됐다.

원격 협업으로 완성한 다큐멘터리, 그리고 책

+ + +

다큐멘터리 <원 웨이 티켓>의 촬영은
총 25개 도시에서, 68명의 인터뷰이와
함께했다. 이 중 최종 필름에 등장한
인터뷰이는 약 40명 정도다. 그리고
그에 못지 않은 많은 사람들이
다큐멘터리 제작에 힘을 보태주었다.
다큐멘터리 한 편이 정말 많은
이들의 손을 거치고, 노고가 깃들어
만들어진다는 사실을 여실히 깨달을 수 있었던 시간이었다.
제작 과정 또한 상당 부분이 원격 협업으로 이루어졌다.
효율적인 제작을 위해 자연스럽게 원격 협업을 최대한 활용하는
방향으로 진행한 것이지만, 돌이켜 보면 디지털 노마드라는
주제에 부합하는 선택이었다. 전체 촬영의 60~70퍼센트는
내 카메라로 촬영한 것이고, 나머지는 독일, 태국, 브라질 등
세계 각지에서 촬영한 영상을 전달 받았다. 촬영에 도움을 준
이들 가운데 나와 잠깐이나마 실제 현장에서 함께 촬영 작업을
해본 건 촬영 감독 마뉴엘이 유일하고, 나머지 대다수는
스카이프로 시도 때도 없이 얼굴을 보고 의견을 나누었지만

실제로 만난 적은 없다. 원격으로 다른 도시에서의 촬영을
도와준 이들 덕에, 훨씬 더 효율적으로 제작을 진행할 수 있었다.

촬영이 완료된 후, 촬영 기간만큼이나 길고 촬영보다 더 많은
공을 들인 후반 작업 역시 대부분 원격으로 진행했다. 시나리오
작업의 경우 나는 제주와 암스테르담에서, 시나리오 작가
조시아는 런던과 발리를 오가며 스카이프로 수많은 시간 의견을
주고 받았다. 고등학교를 졸업하기까지 자그마치 20년에 가까운
시간을 한국에서 보낸 내게 부족할 수밖에 없는, 다양성에 대한
관점 같은 중요하고 또 섬세한 부분들을 조시아가 많이 채워
주었다. 다양한 출신 국가, 성별, 문화권, 그리고 표현법 등에서
조시아의 도움을 받아 시나리오를 보완할 수 있었다. 후반 작업
내내 동고동락했기에 더욱 가깝게 느껴지는 조시아 역시 아직껏
실제로 만난 적은 한 번도 없다. 굳이 시간과 돈을 들여 이동을
하지 않아도, 원격으로도 얼마든지 협업이 가능하다는 사실을
재확인 시켜준 사람 중 한 명이다.

후반 작업 전체를 꼼꼼하게 챙겨준 김우석 편집자 역시
큰 버팀목이었다. 끊임없이 의견을 교환하고 힘을 북돋아 주는
팀원이 있다는 사실은 정말 큰 힘이 됐다. 후반 작업 초반을
나는 암스테르담에서, 김우석 편집자는 서울에서 원격으로
진행했고, 막바지에 서울에서 스카이프와 현장 협업을 병행하며
후반 작업을 마무리했다. 그래픽 디자인과 사운드 디자인 역시
현장 작업을 병행하되 스카이프로 대체 가능한 회의와 소통은
최대한 오프라인 대신 온라인으로 진행하여 불필요한 에너지
소모를 줄였다.

제작 과정에서 업무의 상당 부분이 원격으로 진행되었다는
이야기에, 어떻게 이것이 가능했는지 궁금해 하는 지인들이
많았다. 촬영 과정에서 원격 협업을 고수한 가장 큰 이유는

바로 제작비 절감이었는데, 내가 직접 모든 곳에 가기에는
일정도 안 맞을뿐더러 요즘 아무리 저가항공권이 많다곤 하나
여전히 만만치 않았던 이동 경비의 이유가 컸다. 따로 제작사도,
투자자도 없이 시작한 프로젝트라 더욱 그랬다. 카메라맨과 항상
동행하기엔 촬영비를 포함해 카메라맨의 이동비, 숙박비, 식비 등
여러 부담이 컸기에, 각지에서 찍고 영상을 전달하되, 카메라
여러 대가 필요한 경우에는 현지에서 인력을 구했다. 불가피하게
현장에 내가 없을 때, 촬영 전에 미리 만들어 둔 가이드라인을
카메라맨과 공유하고 현지 인터뷰어와 충분히 소통해 인터뷰
내용을 숙지시켜 원활한 진행을 할 수 있었다. 이 과정에서 가장
자주 쓰인 도구는 슬랙, 구글 드라이브, 그리고 스카이프였다.
후반 작업에는 텔레그램, 트렐로Trello, 구글 드라이브,
스카이프를 사용했다. 이렇게 다양한 방식으로 제작에 참여한
이들의 국적은 10개 정도로, 원격 협업이 아니었다면 저자본 독립
다큐멘터리로서는 거의 불가능에 가까웠을 제작 과정이기도
했다. 그렇게 2017년 2월 마침내 완성된 다큐멘터리는 현재
전 세계의 영화제 출품과 공동체 상영 준비 단계에 있다. 향후
업데이트와 공개 일정은 <원 웨이 티켓> 공식 웹사이트와
내 블로그 등을 통해 공유할 예정이다.

지금 쓰고 있는 이 책 또한 나는 타이페이에, 출판사는 경남
통영에 그리고 디자이너는 서울에 머무르며 작업하고 있다.
책을 준비하는 1년여의 시간 동안 나는 제주, 암스테르담, 서울,
발리, 타이페이까지 총 5개 도시에서 지내면서 다큐멘터리
후반 작업을 하고 원고를 썼다. 출판사 남해의봄날은 경남
통영에 자리하고 있어 내가 한국에 있을 때에도 편집인의
얼굴을 본 적은 손에 꼽는다. 원고 집필 전 한 차례 여행 삼아
통영을 방문한 이후, 원고 작성부터 출간까지 모든 협업은 역시
스카이프와 메신저, 구글 드라이브를 사용해 원격으로 진행했다.

그리고 여기, 그 결과물이 여러분들의 손에 들려 있다.

+ + +

우리가 원하든 원하지 않든 세상은 바뀌고 있다. 인터넷과 스마트폰의 등장이 자연스럽게 사람들의 삶을 바꾸었던 것처럼 점점 더 많은 사람들이 장소에 구애 받지 않고 사무실을 벗어나 일하고 살아갈 것이다. 무엇보다 내가 하고 싶은 이야기는, 어디에서 일하고 어떻게 살아갈지 '선택할 수 있는 자유'가 우리에게 주어졌다는 사실이다.

일하고 살아갈 방식을 선택할 자유

과연 우리는, 지금 이 삶이 내게 가장 잘 맞는 삶의 방식이기 때문에 고수하고 있는 걸까? 지금의 삶의 방식은 내가 '선택'한 것이 맞는가? 아니, 오히려 자신에게 맞는 삶의 방식이 뭔지조차 대부분은 모르는 채로 그저 가장 '일반적이라고' 생각되는 방식을 따라가고 있는 건지도 모른다. 이전까지의 세대와는 다르게 우리는 보다 다른 방식의 삶을 얼마든지 선택할 수 있는 가능성이 있는 세상에 살고 있다. 우리는 태어나고 자란 곳, 학교를 졸업한 곳, 또는 회사의 사무실이 위치한 도시에서 삶의 대부분을 보내지 않아도 되는 첫 번째 세대가 아닐까? 삶의 무대를 2백 여 개가 넘는 국가 중 단 한 곳이 아닌 내 발길이 닿는 모든 곳으로 넓힐 수 있다. 물론 모두에게 맞는 삶은 아닐 것이다. 모두가 원하는 삶의 모습도 아닐 것이다. 어떤 사람에게는 원격근무가 잘 맞고 틈날 때마다 새로운 곳에서 새로운 문화를 탐방하는 일이 즐거울 수도 있겠지만, 모든 사람이 그렇진 않다. 그래서 디지털 노마드들 중에도 이동 방식과 이동 기간에 따라 무수히 다양한 스펙트럼이 존재한다. 중요한 것은 바로 나 자신이 선택지를 가졌느냐 가지지 않았느냐이다.

기업의 거대한 사무실에서 일하는 건 많은 사람들에게 더 이상 매력적인 선택이 아니에요. 디지털 노마드가 극단적인 예일지는 몰라도, 세상의 변화를 잘 보여주는 예죠.
피터 월Peter Wall

사람들은 자신이 나고 자란 곳이 내 자리라고들 생각하지만, 다른 곳에 있을 때 훨씬 행복할 수도 있어요. 탐험도 해보고, 다른 곳에서도 살아보면 나한테 더 잘 맞는 장소를 찾아낼 수도 있죠. 내가 자란 곳이 내 자리라고 누가 정했나요?
조엘 가스코인

우리는 지금껏 당연하게만 생각했던 것들, 익숙한 것들에서 벗어나 자신이 무엇을 좋아하고 어떤 식으로 살아갈 때 가장 행복한지 실험해 보고 선택할 수 있는 행운아들이다. 그리고 디지털 노마드는 그중에서도 매우 흥미로운 선택 중 하나가 될 수 있을 것이다. 떠나든 머무르든, 그것은 그 다음의 문제다. 이 선택의 기회를 알지도 못한 채 그저 주변에 떠밀려 살아가기에는 한 번뿐인 삶이 너무 아깝지 않은가.

도서출판 남해의봄날 비전북스 12
우리 인생에 모범답안은 정해져 있지 않습니다. 대다수가 선택하고, 원하는 길이라 해서
그곳이 내 삶의 동일한 목적지는 될 수 없습니다. 진정한 자유를 위해 용기 있는 삶을
선택한 사람들의 가슴 뛰는 이야기에 독자 여러분을 초대합니다.

원하는 곳에서 일하고 살아갈 자유, 디지털 노마드

초판 1쇄 펴낸날 2017년 6월 10일
초판 2쇄 펴낸날 2017년 10월 25일

지은이 도유진
편집인 박소희 책임편집, 장혜원, 천혜란
디자인 이기준
종이와 인쇄 미래상상
펴낸이 정은영 편집인
펴낸곳 남해의봄날   경상남도 통영시 봉수1길 12, 1층
전화 055-646-0512 팩스 055-646-0513
이메일 books@namhaebomnal.com
페이스북 /namhaebomnal 트위터 @namhaebomnal
블로그 blog.naver.com/namhaebomnal

ISBN 979-11-85823-16-4 03300